中国の神話

神々の誕生

貝塚茂樹

講談社学術文庫

序

筑摩書房から中国の通史の稿を求められたのは今から七年前のことであった。中国古代史という限られた専門分野からすると、私の能力をはるかにこえた大事業である。のんきな私は、専門の細分化の傾向が極度に達している現代の中国史学界では、中国通史なぞは誰も専門にするものはないはずだ、中国通史に関しては誰でもアマチュアーなのだから、アマチュアーとしておもしろい歴史読物を提供したらよかろうと、深い思慮もなく引き受けてしまった。

引き受けて、いざ稿をおこす段になって、いったいどこから書きはじめ、どう書いていいのか、迷いに迷った。今まで必要に応じてあちこちと拾い読みをしてきた中国の二十四史をはじめ、主要史料を、この機会に通読しよう、そして興味のある場面を拾い集めて中国通史を書こうと最後的に腹をきめたのは、昨年の夏のころであった。

筆を中国の神話伝説の時代から始めることとして、古代伝説の宝庫である『山海経』と『楚辞』とを少し身をいれて読んでみた。本書はその所産である。

私は、この拙い小著を恩師内藤湖南〔一八六六―一九三四年〕先生ならびに心の師、柳田國男〔一八七五―一九六二年〕・折口信夫〔一八八七―一九五三年〕両先生の霊にささげたいと思う。内藤博士は、私が大正十四年京大文学部史学科に入学して以来、絶えず御指導と鞭撻を賜わった。先生は、戦国時代以前の中国古代史の史料は、おおむね口頭で伝承されたものであり、口頭伝承として研究すべきであることを、「春秋三伝の比較」と題する演習によってつまびらかに教えられた。

柳田・折口両大人は、つとに著書を通じて学風を慕っていたが、昭和の初年、京大国史学科で親しく講席に侍することをえた。内藤湖南先生の中国古代伝説研究法と、柳田・折口両先生の民俗学的古代研究法との習合によって、本書は成り立っている。その結果は三先生の失笑を買うにすぎないかもしれないが、ただ甲骨学・楚辞学の最新の研究成果をとりいれ、新史料を出発点として、中国古代伝承を論じたのが特異な点である。偉大な内藤・柳田・折口学説にはたして何物を加えたであろうかは、博雅の君子の批判に待ちたい。

貝塚茂樹

昭和三十八年三月末日

目次

中国の神話

序……3

第一章　異形の神像……11

黒陶俑の顔面／キクラデス人像／「異」字の由来／尉と姥／死後の幸福のための副葬品／祖霊の降臨／一本足の楽師夔／山の怪物としての夔／夔と夒／『山海経』の怪物たち／中国の山神たち／神の代理人／天帝に罰せられた夒／人間の祖先

第二章　瞽師の伝承──中国の語部……47

古代中国の語部／『周礼』の大司楽の職務／春官の人員構成／司巫の職掌／故事暗誦による教育／統一伝説としての堯典／司馬遷の判断／『史記』の黄帝／黄帝の人間らしさ／古代中国の帝王の系図

第三章　風の神の発見……75

甲骨文字からの発見／東西南北の風神／風雨の支配者としての上帝／宇宙の構造と八つの風門／霊鳥鳳の任務／強敵蚩尤への対策／旱

りの神魃と田の神叔均／神話の共通性／マルドゥク伝説／風雨による黄帝の支配／風力と精錬技術との関係

第四章　鍛冶師と山の神……107
タタラという地名／一踏鞴という怪物／神が一つ目である理由／一本足と鍛冶職／片目の竜神天目一箇命／スサノオノミコト伝説と鍛冶職／鍛冶職氏族の守護神／生活技術の指導者黄帝／文化の指導者黄帝／天地開闢伝説の意味

第五章　文化的英雄の誕生——三皇五帝……133
黄帝以前／韓非子の発展段階説／周易の大人という言葉／大人の国・大人の市／海神崇拝と山神崇拝／自分の名を自分で命名した嚳／命名の意味／根原的存在——混沌／混沌と宇宙創成／人間世界の始まり

第六章　神話の世界の消失……157
神話から歴史へ／孔子の合理主義精神／古代王朝の故事／『論語』における堯・舜／『楚辞』の原型／神と人との問答／古代中国人の宇宙観／月のなかにすむ生物／神話の命脈／神々による中華世界帝国の統一／トーテミズム／伏義と女媧
第七章　乱――エピローグ……187
俑と山神との関係／風と山神との関係／口頭伝承の世界／堯舜時代の理想化と歪曲／中国青銅器の特殊性／饕餮紋／青銅器文様と原始宗教／呪術から宗教へ
あとがき……209
解　説……蜂屋邦夫……211

中国の神話

神々の誕生

第一章　異形の神像

黒陶俑の顔面

一九四二年の終りであるか、一九四三年の始めごろであったか、今ははっきり思い出せない。私の勤めていた東方文化研究所の考古学教室の一隅で、同僚の考古学者から三個の小さな真っ黒の土器の人形を見せられた。高さは七〇センチから五〇センチぐらいの小さなもので、表面が漆をぬったように黒光りしている。まるでブラウスそっくりの筒袖のゆるい上衣を腰できっちりとしめ、ロング・スカートまがいの裳《も》をひきずるようにつけている。衣裳の具合と、なだらかな身体つきからみると、たしかに女人像に相違ない。

一人は片膝をたてて坐りながら、他の二人といっしょに舞っているところである。ある舞姫は両腕を左右にあげ、右手先を上にそらせ、左手先は下にそらせて、調子をとり、他の舞姫は左腕をまっすぐに伸ばし、頭を右に傾けて、右手を軽くそえている。踊り子たちは、伴奏の音楽に気持ちよくのりつつ、思い思いのポーズをとっている。この一組みの女人像をつくった陶工は、着衣のディテールや、手の指など、すべての細部の写実を切りすてて、ただ音楽のリズムそのものを表現しようとしたのだろう。

静かに目を閉じると、千年以上の昔に亡びてしまって、その片鱗すら残っていない中国古代の楽がかすかに響いてくるような錯覚におそわれる。私は最初流れるような軽快な旋律をこの舞踊像から聴いたのであるが、現在では少し考えが変って、この舞いぶりから少しおどけた調子の、むしろパロディ的な音楽を聴きとるべきだと考えるようになった。

この漆黒の人形を日本に輸入した骨董商は、河南省の輝県から新たに盗掘されたものらしいというぼんやりした知識しかもっていなかった。古代の墳墓に死者とともに葬られた埴《はに》輪《わ》、漢語でいう明器《めいき》泥像《でいぞう》にちがいないが、いつの時代の古墳から出土したのであろう。

この人形の黒光りした表面は、よほどこまかい粘土をヘラでしあげ、高温度で焼きあげたもので、山東省の済南の近くの竜山鎮先史時代遺跡から発掘された黒陶とそっくりである。この竜山文化の黒陶は、河南省の中原まで分布して、輝県から西北八〇キロほどの安陽の殷王朝の首都の遺跡である殷墟《いんきょ》をはじめ、方々の遺跡の下層から発掘されている。

考古学者なら誰でもまず先史時代の黒陶と何か関係があると考えてみるであろう。しかしこの人像の自由でのびのびした人体の表現はとても竜山の先史文化の所産とは思えない。この表現はむしろ洛陽金村などの戦国時代の古墓から発掘される、青銅器や玉器などの造型に共通しているから、戦国時代のいわゆる秦式の新様式にぞくすると考えたほうがいいというのが当時の考古学者たちの意見であった。

この黒陶人形と、竜山文化の黒陶との異同については、専門家でない私には口出しをする余地はないが、気がかりでたまらないことがひとつあった。この可憐な女人像の顔面はどれも、額の髪の生えぎわから下顎まで、ヘラで平たく削りとられている。目も眉も口もすっかり消されてしまい、ただ中央に鼻すじがたて一文字に張り出しているだけである。

中国古代の詩人は、艶麗な衛の荘公夫人の容貌を、

瓠犀《うりざね》のごとくま白き歯
螓《せみ》にた広き首《ひたい》　蛾《えがける》ごとき眉
巧笑《こぼれるえみ》に倩《えもいえ》ぬ口もと
美《うるわ》しき目《ひとみ》　げに盼《さやか》なり
（『詩』衛風、碩人篇）

と歌って、その眉目口歯に注意を集中している、隆《たか》い準《はな》は漢の高祖のような英雄にふさわしいが、けっして美人の条件ではなかった。リズムにのって踊る舞姫の肉体を、あれほど自由に表現する非凡な造形能力の持主である陶工が、その舞姫の顔の鼻梁だけを残して、なぜ大事な眉目口歯を省略してしまったのであろうか。その理由がどうしても解せなかったのである。

私どもを驚かせたこの特異な黒陶舞人像は、大戦末期に続々と中国から移出され、日米の博物館や収蔵家の注目の的となった。私が見たのとだいたい同じように、さまざまの姿勢の女人舞踊像がその大多数を占めていたが、少数ではあるが甲冑に身を固めた武士の像も現われた。出てくるどの女人像も武人像も一様に顔面は鼻梁を残して、平たくそがれ、目・眉・口が省略されている。これらの舞人の顔はなぜ目・眉・口を省略したのだろうという、最初に抱いた疑問には相変らず適当な解答が見つからないままに、私の頭脳の底におりのようにたまってしまった。

キクラデス人像

そのころの私の乏しい世界美術史の知識でも、目鼻を省略して鼻梁だけを表現したものに、ギリシャ以前のエーゲ文明にぞくするキクラデスの大理石の薄板人像があることを知っていた。しかし中国の黒陶人像と関連させるには、あまりに縁遠い存在であった。一九五九年ギリシャを訪ねたとき、アテネ国立美術館の一室で、いくつかの陳列棚を埋める、小は数センチから大は一メートルに達する、大理石のキクラデス人像の一群に対したとき、私はなにかあてが外れたような感じをうけた。

このなかで典型的なのは、乳白色の大理石のいわゆるヴァイオリン型女人像である。二等辺三角形の底辺を頭にして逆立ちさせたような顔面をいただいて、張りでた両肩を頂辺とした、さらに大きく長い二等辺三角形の女身の正面像である。顔面の中央の鼻梁と、乳房だけをやや盛りあげて薄彫りにしたほかは、ほとんど平面の薄板にすぎない。頸部から胸部の乳房の高まりにかけて、ほんの少し現実の肉体感を出しているほかは、すべて完全にアブストラクトになっているではないか。

こんな抽象的なキクラデス像では、顔面が鼻梁のほか目も口も省略されていることは大して気にならないどころか、むしろそれが必然的な芸術的表現と感じられる。

これに比較すると、今まで抽象的だと思っていた戦国時代の黒陶人像の肉体の表現はずっと写実的である。この写実的な人体の表現と、眉目と口などを欠いた平たい顔面は、強いコ

キクラデス人像（アテネ国立考古学博物館蔵）

ントラストをもち、見る人に異和な感じを与えずにはおかない。外国では、キクラデス人像がなぜ目と口などを省略しているのか、問題とした学者がいないようだが、私たちは、これとはかなり性質のちがった中国の黒陶人像にたいしては、目・眉・口を省略した顔面がどんな特別の意味をもつのかを、真剣にたずねてみなければならぬと考えざるをえなくなった。

異郷のアテネ美術館で、ゆくりなくもキクラデス人像に接したときから、また頭をもたげた黒陶人像の目口を欠いた顔面にたいする疑問にたいして、最近になってやっと解答の鍵らしいものを見つけることができた。

「異」字の由来

一九四八年、民主主義者として国共の和平統一をとなえたため、雲南の昆明で、国民党の特務のためにピストルで狙撃されて、悲劇的な最期をとげた聞一多《ぶんいった》〔一八九九—一九四六年〕教授のことは、日本でも有名である。しかしがんらい彼は政治家でも社会運動家でもなく、文学史家であり、また〔ジェームズ・〕フレーザー〔一八五四—一九四一年〕などの感化をうけて中国の宗教民族学研究に手をつけ、この方面の開拓者として大きな業績を残したひとである。聞氏の遺集に収められた『爾雅新義《じがしんぎ》』のなかに「翼とは敬うことだ」という『爾雅』の本文の意味を、古代文字とくに殷代の甲骨文字や、周代の金文などを手掛りとして論じた一節がある。「異」という文字の古い字形を調べてみると、いちばん古い漢字の字体である甲骨文字では、とかかれている。京都の大原女《おはらめ》のように、人が、頭上で甾《し》つまり缶《ふ》、水瓶か酒壺のようなものを戴いているようすを表わしている。

次に古い周代の金文の書体では「異」字は、、これにつぐ篆書《てんしょ》ではとかいて、上部の缶の形がかなり変化しているけれども、ともかく「異」字は人間が物を頭上にいただいている形を表わし、「戴」という字の原字であったのだ。人がものに驚いて両手をあげる形が、ちょうど頭に物をのせて両手をそえる形とそっくりなので、戴くという字から、驚異、怪異の異という意味の字が分化してきた。

鳥が両翼をはって身をもちあげる形は、人が両手で物を頭にのせる「異」字とそっくりであるから、「異」字から翼という意味も分化してきた。『論語』に、孔子が「趨《こばし》り進むさま翼如たり」（郷党篇）という文句は、主人や目上の前で召使いや目下がその命にこたえて物を頭上にいただいたごとく、厳かにつつしみ深くそして小走りしたことを述べたのだといっている。

聞さんの、「異」字が物を頭上にいただく「戴」字の原字であるという説はなかなかおもしろいが、私はこれとはちょっと意見を異にしている。この頭上にのせるものは甾、缶のような水瓶ではなく、仮面であり、「異」とは、何人《なにびと》かが仮面をいただき、つけるさまを表わしたのだと解釈する。

頭にのせる甾は、水瓶でなく、頭髪をざんばらにした異様な仮面をつけたところを示している。この仮面が鬼の面である。「鬼」は甲骨文字では、と書かれる。これは「異」字が鬼面を正面から見たところをかいたのにたいして、鬼面をいただく人を側面から見たのである。この頭部はどちらもであるが、『説文解字《せつもんかいじ》』という一八〇〇年前の中国最初の辞書の著者である許慎は、これを誤って倒立《さかだち》させて、として、これを鬼の頭と解釈している。私はこれを正しい位置になおし、とは鬼の頭、つまり鬼の仮面を表わすと解するのである。

中国古代の鬼の仮面がどんなものであったか、現在実物も残っていないし、古典にも適切な記述が見あたらない。偶然『詩経』を読んでいると、おもしろい記事にぶつかった。周代の宮廷詩人が、わが主君を裏切ったその親友をののろった詩のなかで、

山にすむ鬼なるか、はた水にすむ蜮《かっぱ》なるか、そはすべて詮なし

醜《まのあた》り面目《めかお》具足の身にありながら
なんたるむごきその仕打ち
（『詩』小雅、節南山之什、何人斯篇）

という一節がある。彼らは、山に住む鬼あるいは水に棲む蜮は、人間と同じ面目を備えていないと信じていたのである。

この『詩経』の文句を読んだ瞬間に、私は三十年前に愛読した故折口信夫博士の『古代研究』（一九二九―三〇年。のち中央公論新社〈中公クラシックス〉、二〇〇二―〇四年）のなかに収められた「国文学の発生」や「翁の発生」などの独創にみちた日本の古代芸能の起原を論じられた諸篇を思い出した。日本の田楽舞いなどの神舞に、翁面をつけて祭りに来臨する老体の神人は、常世《とこよ》という他界から、定まった日に子孫の村を訪れる祖霊を代表するものだとされている。中国の古代語の鬼ということばも、他界の祖霊がかりに現世に現わした姿を表わすものである。これからおいおい説明するように、中国にも日本の翁舞いのように、神人が翁面にあたる鬼の仮面をつけて来臨する神舞があったのではなかろうかと考えるのである。

神舞でこの鬼に扮して舞うひとがつける鬼の仮面には、眉目も口歯もなく、ただ平たくのっぺらぼうのものであり、由つまり⊕は、この目口のない顔面であった。問題ののっぺらぼうの黒陶俑《はにわ》は、このような目も口もない鬼の仮面をつけた舞人の像を表わしたと解釈できないであろうか。そういう考えでこの黒陶俑を眺めると、その切りそいだ顔面の具合は、ちょうどこういう仮面をつけたところを簡潔に要領よく表現しているように見えてきた。

尉と姥

折口博士は最近世を去られた柳田國男師の影響のもとに、海南の沖縄諸島の民俗を採集して、古代日本民族の生活の原形が現実に生きているのを実見された。

日本の国には常世神《とこよがみ》という古い信仰があった。南島では、毎年正月、初春などの季節の分れ目ごとに、常世という祖霊の常在する海上の異国から客《まれびと》として来臨して、村人の祭りをうけ、村を祝福し、家ごと、家長の健康、家屋の堅固、生産の豊饒を祝福した。このまれびととして訪れる常世神すなわち祖霊は、じつは村の選ばれた若者が神に仮装したのである。

琉球諸島では、男女二体の祖霊が、彼岸の聖地から蒲葵《くば》の蓑笠などをかぶった異形神として来訪する。なかには「あかまた」「くろまた」などという色の変った仮面をつけた二体の巨人が、蔓草を身にかぶって、畏《おそろ》しい形相の面をかぶって出てくる。これが、能楽の「高砂」の松の精と住吉明神とが一対になって尉《じょう》と姥《うば》となったものの原型であったと博士は推定されるのである。

仮面は、人間が神に扮していることを感づかれないように、素顔を極度に秘密にするためにかぶられた。この仮面をつけることを「かずく」「かぶる」というのは、古代の仮面が、琉球で、もとは植物の広葉で頭から顔をおおったようなのが原型であって、頭上から顔をおおうことを示しているのだそうだ。

この沖縄と日本の常世神の仮面をつけた祖霊のありさまは、常世つまり「異国」から、この現世に来訪する中国の祖霊、つまり鬼の原型を想像する手掛りにもなるであろう。中国の祖霊は、天上、つまり高い山岳上の異郷から、季節の変り目ごとに、髪をざんばらにして目口のない、鼻だけののっぺりとした仮面を戴いて、子孫の住む国や邑《まち》に来降する鬼であったと解されるであろう。

能楽では神と精霊と女の役だけが直面《ひたおもて》でなく、仮面をつけて役をつとめねばならない。女は概して神憑《かみつ》きの狂女であるから、神と同格視されたので、神聖なる仮面が必要とされたのであろうとされる。

男の尉つまり翁にたいする姥は、がんらいは神を抱き守りする役で、巫女《みこ》であるうば、つまり小母がつとめたとされる。能楽の東遊《あずまあそ》びという舞いは、足柄明神の神遊びを舞う巫女の踊りであったという。

こういう考えを背景において黒陶俑をみると、このなかの武人俑は能楽の尉つまり翁にあたり、舞姫俑は東遊びの駿河舞いを舞う巫女、つまり姥にあてはめることができるだろうと私は想像した。武人俑が右腕を高くさし上げ、左腕を水平にのばしたポーズは、三番叟《さんばそう》の序幕で翁が無言で右腕をおもむろに三回廻したのち、巧みに長い袖をさばいて右手を高くかかげた振りにそっくりではないか。三番叟の翁のこの振りは、天上の常世神なる祖霊が最初に現世の地上に来降した神聖な瞬間を示すものであろうか。黒陶武人俑の祖霊なる鬼も同じ姿勢をとっているのは、深い意義をもつといわねばならぬ。

死後の幸福のための副葬品

周王朝の同族で卿《だいじん》として重要な職務を世襲した虢《かく》の君である虢叔旅《かくしゅくりょ》が亡き父恵叔を祭るために作った青銅の楽器の鐘《しょう》には、

「皇考《なきちち》ぎみの、厳かに上《てんじょう》にましますみ御魂《みたま》、異として下《ちか》にいたり、草木のもゆるがごとく盛んに、泉のわき出《い》ずるがごとく尽くるなく、旅《われ》に多福を降したまえ」（虢叔旅鐘）

という銘文を刻している。「異として」の異を、金文学者は翼の意味に読んでいる。もとは両手をあげて、仮面をかずく動作を示し、戴が原義であった「異」字が、ここでは片翼をあげ、他の翼を収めて、地上に降下する鳥のさまを表わしている。中国の古代人のなかには、殷人のごとく、祖霊は燕の形をとって地上に降りてきたと信じていたものもあった。

折口博士によると、田楽に、翁につれて、ひょっとこ面をかぶる「もどき役」の狂言方が出てくる。「もどく」とは「ものまねする」という意味で、翁とともに出て、翁より一間《ひとま》ずつ間合いを遅らせて、翁の発言を説明する役であり、間合いがはずれ、しかも早口でのべたてるところに、狂言の滑稽さが発生するのだそうである。

黒陶女人像のなかには、陶質も粗末で少し稚拙なものも含まれる。その身振りは精良な黒陶女人にくらべると、厳整さを欠いているが、素朴なユーモアが溢れ出ている。日本の翁にたいする姥の役である中国の巫女たちは、祖霊の言葉をもどいて、おかしな身振りで舞うこともあったとみられる。私が黒陶女人像のポーズのあるものに、パロディ的な音楽の伴奏を聴きとらねばならないと考えるようになったのは、上にあげた理由によるものである。

黒陶明器群は、女人像・武人像のほかに、馬・鏡・帯鉤《おびどめかなぐ》・鐘・豆《たかつき》・杯などが変種として含まれている。馬は日本の祭礼における神馬のように、巡幸する神の霊の座であった。鏡は日本の八咫鏡《やたのかがみ》、帯鉤は八坂瓊《やさかに》の勾玉《まがたま》を連想させる。これらは『日本書紀』には、天の磐戸《いわと》の前の広場に八百万《やおよろず》の神々が寄り合って、「天香山《あまのかぐやま》の五百箇《いおつ》の真坂樹《まさかき》を根こじにして、上つ枝《え》には八坂瓊の五百箇の御統《みすまる》を懸《か》け、中つ枝には八咫鏡を懸け、下つ枝に青和幣《にきて》、白和幣を懸けて、祈禱《いの》りまおしき」とあるのでも知られるように、神に祈るものの誠心を象徴する、ささげものであった。鏡が神楽《かぐら》の舞いの伴奏楽器であり、豆《たかつき》と杯が神饌・神酒であるとともに、神事が終ったあとの饗宴、つまり神道の直会《なおらい》で、神への供物のお下りを飲食するに使用されるものと見なすこともできるだろう。

かくして黒陶明器の一組みは、季節の変り目に天界から祖霊が降下して、子孫の祭祀をうけ、それにこたえて子孫に家の繁昌、五穀の豊作をことほいで、やがて天界に帰る季節祭を表わす作品であり、死後の人間も同じく地下に幸福な生活を送れるように、明器として副葬したのである。

祖霊の降臨

殷末周初の歴史時代には、天上にまします祖先の霊を子孫たちの招きに応じて下すときには、同族の若き世代にぞくする孫の一人を、尸《よりまし》つまり神の代理に神の座につかせた。祖神といっても、宗廟に木主《いはい》が並べられ、過去帳に戒名ののっているような近い祖先でなく、名も知らぬ遠い遠い祖先である。

祝《かんぬし》がまず鋤《すき》をとって門のかたわらを掘り、小高く盛り土して、大声で神霊に呼びかける。祭場では牛と羊を屠殺し、まる焼きにすると、そのたちのぼる香ばしい臭いにひかれて、神霊が尸の身体に降臨して、子孫の祭祀をうけるのである。

祝はうやうやしく尸に向かって、

「いつきまつる孫それがし、つつしんで毛の柔《にこ》きもの、鬣《け》の剛《あら》きもの、さわにとり出《いだ》して、かけまくも尊き皇祖《みおや》なにがしの君、妣《みはは》なにがしの方のみ前にささげたてまつる。ふしてこいねがわくは饗《う》けたまえ」

という。この言葉にたいして、尸は祝を通じて、

「近う、汝うまし孫よ。天の御神に申して汝に福禄をさずけ、田作りに障《さわ》りなからしめん。眉寿万年、永久に変りあるべからず」

と、子孫の繁昌、穀物の豊作を祝福する。中国の古語では、祝《かんぬし》の神に告げる言葉を祝《しゅく》といって、神と人とを仲介し、神に祝詞を申し上げる役目をつかさどるのが祝《かんぬし》の原義であった。この、人が神に告げる祝詞にたいして、神が人に告げる言葉は、中国の古語では嘏《こ》と呼ばれている。

日本の古語では、神が人に告げる言葉のほうを、中国の古語とは逆に、祝詞《のりと》と呼んでいたらしい。折口信夫博士の説によると、「のる」というのは、上から下へ命令することであり、上から下へ言い下された言葉によって、すべての行動が規定されるので、法《のり》・憲《のり》などの

意味をもってくる。「のりと」とは「のり」を発する場所、つまり神座のことであり、神座で発する言葉が祝詞なのである。「天つ祝詞の太祝詞ごと」とは、神秘な壮大崇高な場所で下された御言葉、さらに適切にいうと、初春にあたって、天皇が宣処《のりと》つまり高御座《たかみくら》に登って、あらかじめその年の祝詞をのる言葉なのだそうだ。中国の嘏という言葉も、「大きい」とか、「長い」とか、「遠い」とかいう意味だとされている。荘厳に「のられる」神の祝福の言葉なのであったからであろう。

尸の上にのりうつって、子孫の祭りをうけ、子孫に新しい年の豊作と子孫の繁栄を祝福する祖霊は、日本の上代における常世の国から年ごとにこの世を訪れるまれびとの神と同じように、一種の客人であった。中国古代の殷王朝は、祖先を、王賓つまり王の客人として祭祀した。たとえば卜《うらな》いの言葉、つまり卜辞《ぼくじ》には、夏王朝を滅ぼして、殷王朝を開いた湯王すなわち大乙を祭ることを卜って、

「乙丑《きのとうし》の日卜い貞《と》う。王の大乙を賓として、濩《ご》のまつりせんとす。尤《とがめ》なきか」

というように、大乙を賓として、その霊を王庭に招き下している。この賓の漢代通用の正体《せいたい》は賓であるが、戦国時代の古い字体では賓とかかれる。殷代の卜辞ではとかかれる。うかんむりの下は元と止を組み合わせている。また一体ではともかかれる。賓という字の祖先にあたる字は賓よりはむしろ客の字に似ている。祖先は客つまり、日本の古代語でいう「まれびと」として招かれてきたのであった。賓という字が貝をつけ加えたのは、貝が貨幣として用いられた中国古代では、主人が賓客に贈与した貝貨を指し示すようになったからで

あろう。

客《まれびと》として招かれて、地上に降りてくることを、古代漢字は、人間が梯子をつたって降りてくるとして、とかいている。左の偏は、日本の先史時代の梯子と同じく、足がかりをつけた中国古代の梯子の形を表わしている。天上から降りてきた祖霊は祭場に来り格《いた》る。格は古代字では単につまり各とかかれる。来って祝いの言葉をのべるという意味を示している。

日本のごとき島国では、祖先は海上のはるかな常世の国から招かれ、この国に来るという信仰がかなり流布していたといわれる。大陸国である中国では、祖先の霊魂は死後天界に上って、常にそこにとどまっていると信じていた。周王朝のひとびとは、開祖文王の徳をほめた詩のなかで、

　文王のみたま陟《のぼ》降りて
　あまつ帝《みかみ》の左右《かたわら》にまします　（『詩』大雅、文王之什、文王篇）

と歌っている。周の貴族たちも、なき、天上におわす亡父の霊が、時を定めて地上に降《くだ》ってくることをたたえたのは、前に引用した青銅の祭器の虢叔《かくしゅく》旅鐘《りょしょう》の銘文によって明らかであろう。

一本足の楽師夔

尸の上にのりうつって、祖霊が地上に降りてくるさまは、古代の聖帝の記録と称せられる

『書《ふるぶみ》』の「禹《う》と皐陶《こうよう》の謨《はかりごと》」の一篇が次のように書いている。

「夔《き》のもうさく、鳴球《なるたま》の石を戛《そ》とうち、琴《こごと》・瑟《おおごと》をかきなでつつ、節おもしろく歌えば、祖考《みおやなきちち》ぎみここにきたりたもう。虞《ぐ》のきみ賓《まれびと》の座につき、国君たち互いに席を譲りあう。堂下の管《ふえ》・鼗鼓《でんでんだいこ》、柷敔《しゅくぎょ》（木製・土製の打楽器）の合図にあわせて、時に奏楽し、時に休止する。笙《しょう》と鏞《おおがね》のかわるがわるひびけば、鳥も獣もよろよろと立ち舞い、簫韶《しょうしょう》の曲が九たび変奏し終れば、鳳皇《ほうおう》もめでたく舞い納める」

感きわまって、

「夔《き》のまたもうさく、げにもわが打ちならす石の音に、百獣うちつれて舞い、もろもろ尹《つかさ》びと、よく心なごむ」

古代の聖帝、堯《ぎょう》・舜《しゅん》につかえて、楽師の職に任じた夔は、春秋時代の終りごろになると、現実の人間ではなく、伝説中の怪物として表わされる。魯《ろ》国の正卿《そうりだいじん》であった季桓子《きかんし》（前五〇六宰相就任―前四九三年）がある日、家の井戸を掘らせていると、素焼きの缶《かめ》が出てきた。中を見ると幼い羊のようなものがいるらしい。物識りで有名な孔子（前五五二―前四七九年）の学識を試験してやろうと、さっそく使いを孔子のもとに走らせて、

「わが家の工事中の井戸から発掘した缶のなかから、犬が飛び出しました。いったいどういうわけですか」

と聞かせた。孔子は落ちついて、

「出てきたのは羊と承っていましたが。私の記憶するところでは、木と石の怪物を夔、ま

たの名を蝄蜽《もうりょう》、水の怪物は竜、またの名は罔象《もうぞう》、土の怪物は墳羊《ふんよう》と呼ぶと伝えていますから」

と答えて、傲慢無礼でしかも無学な時の権力者季桓子を一本参らせた話が、『国語《しょこくものがたり》』という伝説集にのっている。

三国時代の呉の人である韋昭《いしょう》という学者は、これに注釈して、「木石の怪とは、言葉をかえると、山に住む怪物ということだ。このものは一本足だという説もある」といっている。

この一本足の山の怪という説は、これより五百年以上も前、戦国時代の終り、秦国の宰相呂《りょ》不韋《ふい》の編した『呂氏春秋』という本のなかに出てくる。

魯の哀公（前四九四即位―前四六八年）という殿様が、臣下の賢者孔子に質問した。

「堯舜時代の楽師長の夔は一本足だったという説があるが、いったいそれは確かな話かね」

孔子は、

「その話はちと腑に落ちない点がございます。むかしむかし聖《ひじり》の帝《みかど》の舜さまが、ある日、天下の民を教化するのは音楽によるのが一番だと思いたたれました。その仰せをうけた重《ちょう》黎《れい》が、田舎に埋もれていた夔と呼ぶ音楽の名人を見つけ出して推薦しましたので、舜さまが楽師長の職におつけになりました。大いに張りきったこの楽師は、あらんかぎりの才能をふるって、六律の音階を見つけ、これを基としてさらに五声というさまざまの和音、八風といういろいろの調子を創造し、この音楽によって世界中の人心がすっかり平和になりました。

重黎という男はおせっかいな奴でございまして、まだこれでは不充分と思い、まだほかの人物を推薦したいと申し出ました。さすがは名君の舜さまでございます。

「いや、それには及ぶまい。そもそも音楽というものは天地の精《せかい》《ほんしつ》、政治の成功失敗の分れ目で、聖人だけが音楽を調和させることができるものじゃ。夔が音楽を調和させ、天下を平和にさせおった。夔のようなものが一人おれば、それで足りるというものじゃわい」

と申されたということでございます。この「夔が一人あれば足りる」といわれたお言葉を後世のものどもがとりちがえて、「夔は一本足だ」といいだしたものとみえます。したがってそれはまったくの誤伝でございます」

と答えたという。

しかし中国現代の合理主義的な古代史研究家で、わが国の故津田左右吉〔一八七三―一九六一年〕先生とやや似たところのある顧頡剛《こけつごう》〔一八九三―一九八〇年〕さんは、戦国から秦漢時代のあいだに古代の神話・伝説が合理化され歪められ、歴史に変形されていった例としてこの説話をあげておられる。

山の怪物としての夔

顧さんは、『山海経《せんがいきょう》』という中国古代の山岳信仰の伝承を記した本のなかにある、「夔《き》のさまは牛のごとく、身体は蒼《あおぐろ》いが、角は生えていないで、一本足であり、……そのうなる声は雷のごとくとどろいた。……黄帝のみかどがこれを生けどりにされ、皮をはいで鼓をつくり、杙《くい》のようなこの雷獣の骨をばちとしてうち鳴らされると、その声は五百里四方にひびきわたった」（大荒東経）という、不思議な力をもった奇怪な雷獣の伝説が本来の形であるとした。夔が聖帝の楽官となったというのは、その誤解から生まれた伝説の合理化であったが、まだ一本足であったという怪獣の一面を保存していた。戦国時代の末期の『呂氏春秋』になると、わずかに残った一本足の伝承を、「一人にして足る」という政治現象に解釈しなおしてしまったのだというのが、顧さんの説である。

実業家出身で、戦国時代の新興国の宰相となった呂不韋は、資本家らしい合理主義精神の持主であったから、楽師の夔の伝説から怪異性を完全に抹消してしまったという顧さんの考え方には、私は完全に同意する。しかしこの魯の哀公と孔子との問答は、じつは私が上に引用した『国語』の季桓子と孔子との問答をもとにして、発展させたものであることを、顧さんは見逃していられる。『国語』のほうは春秋時代の賢者にして物識り、この時代の言葉でいうと「博物の君子」であった孔子の死後、それほど時代がたたないころに、魯国に在住した孔子の弟子たちのあいだで語られていた、亡き孔子大先生の逸話がもとになったもので、かなり信憑のおける伝承である。『呂氏春秋』のほうはこれにヒントをえて、魯の哀公と孔子の問答に託して、想像によってでっち上げた一場の寓話にすぎないのである。

こういう古典の本文にたいして、ずっと後世の呉の韋昭がつけた、夔が一本足の山の怪物であったという注釈は、かえって古典の正しい意味をつかんでいるようである。韋昭はこれにつづけて、この怪物のことを「越《えつ》の人は山繅《さんそう》と呼んでいる。蝄蜽もまた山の精で、よく人の声を真似して迷わせる」と書いている。そのころには、江西・浙江《せっこう》の山岳地帯には、山越という春秋戦国時代の越人の末孫が、半ば未開状態のまま部落をなして住んでいた。韋昭が現実にこの未開部族を実地に訪ねて話を聞いたかどうかわからないが、少なくともそれに接した経験者の伝聞をもとにして、この注釈を書いたのであろう。この山越人が一本足の山の神つまり山繅というものが実在すると信仰していたことは事実だろう。

夔と夒

わが民俗学の創設者である故柳田國男先生は、かつて日本の庶民のあいだに伝承されている山の神について、精密な報告を公けにされた。日本の山の神は一つ目、一本足の怪物であったそうである。韋昭が述べている三世紀の中国の江南下流の未開民族、山越人の山神とは、この一つ目をのぞいて、一本足であるという点で不思議なほど一致している。中国の古俗とわが国の伝説とのあいだに存するこの一致は、何らかの意味で両民族の文化交流、あるいは一歩すすめて親縁関係を反映するものと考えられるであろう。

韋昭がつけ加えた、蝄蜽という山の精が人声の真似が上手で、しばしば人を迷わせるという注もまた興味が深い。われわれもよく経験する「山びこ」を、音波の反射現象であることを知らなかった未開人、古代人が山の精の物真似と解したのは、思わず微笑をもよおさせられる。日本の民間にもまた同種の伝承が残っていた。顧さんがあげた、巨大なる一本足の牛に似た怪獣の皮と骨とでつくられた雷鼓の伝説が、古代王朝の宮廷で語られるにふさわしいのにたいして、これは庶民の素朴な感情を表明した伝承だった。

この山の神にあたる夔という字については、後漢の許慎が西紀一二七年につくった中国最古の辞書である『説文』では、篆書のというのを標出して、「これは秏鬼《もうき》という鬼の一種である。形は竜に似ているが、ただ一本脚である点がちがっている。この字の上部は角が生えているが、人間と同じ顔をして、手がそろっているのを示し、下部のは一本足を表わす」と述べている。

この字は篆書より古い字体がわからないが、この字の上の角をとった「夒《どう》」という字がある。『説文』では、これは欲ばりの獣であるが、一説には人によく似た母猴《さる》つまり類人猿だともいう。「頁」は人間の頭部を表わし、「止」「巳」は両手、「夂」は足をかたどったとしている。

この密接な関係にある両字のうち、後者にあたる字を、篆書よりずっと古く、中国のもっとも古い字体である殷代の甲骨文字のなかから、この道の第一人者だった王国維が発見した。その字は、

①　②　③　④

などとかかれている。まず注目すべきは脚部である。動物では絶対にこういう形の脚をかかない。たとえば四本足の動物では、虎の脚の鋭い爪を強調して、とかいたり、馬の蹄を目立たせて、とえがき、鹿のしなやかですばしこい脚を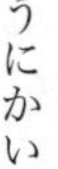のようにかい

ている。

ところがこの身体のほうは、手は人間とかわらないが、姿勢は前屈し、腰も脚もまっすぐに伸びないで曲っている上に、尻には短い尾がついている。これは猿がおぼつかない足つきで、歩いているところを表わしたものにちがいない。

①②の頭にあたる部分のが問題である。これを動物の頭部の側面像と見ると、ある学者のように鳥の頭と解することも可能である。ちょっと見方をかえて、正面像として傾斜を垂直になおすと、になる。これは猿の顔の正面像の特徴ある輪郭によく一致する。王国維はこんな点を考え合わせたのであろう。この字こそ、『説文』の一説によるととくに類人猿をさしている「夒」字と読むべきだという断案を下した。

この③の字を見ると、この顔の中央に目が一つついていて、下端に、側面から見た顔面のように横に口の形を示す一画を引いている。この一見側画像と思われやすい形を私は猿の正面像だと主張したい。この私説にたいして、正面像では矛盾すると指摘するひとがあるかもしれない。これにたいして私はつぎのような答弁を準備している。

『山海経』の怪物たち

世界の古代文明国のなかで、ギリシャやエジプト、メソポタミア、インドなど、すべて豊富な神話をもっているのにたいして、中国はほとんど神話らしい神話をもっていない。これは古代の文献と伝承を整理して、中国の学術の礎石をおいた孔子という大聖人が、怪・力・

乱・神を語ることを好まなかったので、怪・力・乱・神についての伝承、つまり神話が正統の学問から排斥された結果であろうと、魯迅〔一八八一―一九三六年〕が解釈している。これについては、さらに後に詳しく説明するつもりであるが、中国人はけっして怪・力・乱・神が嫌いなわけではないどころか、大いに怪・力・乱・神を語ることを好んだ。

たとえば、柴田天馬〔一八七二―一九六三年〕の名訳によって日本でも多数の愛読者をえている『聊斎志異《りょうさいしい》』のごとき怪談がある。これは中国の数多い怪談のなかでは、むしろ異例のほうにぞくする。この小説集中の主人公の妖怪変化たちは、かりに人間の形をとってこの世に現われ出でて、ふつうの人間よりはずっと人間的なこまやかな感情をもち、この感情をそのまま行動にうつしている。この魔物たちは俗世の因襲に束縛されている現実の人間でないから、浮世の定めを超越して、純情の世界のなかで自由に恋愛し、思う存分正義を守りぬくことができる。この妖怪変化たちは、じつは人間を理想化し、純粋化した結晶にほかならなかった。儒教の正統をすてて、田舎の隠者となった作者の蒲《ほ》松齢《しょうれい》は、この怪物の形で、儒教の道徳によって毒せられない自然の人間を表現したのである。

正統な儒者のなかでも『四庫全書総目提要』の編纂者として、無双の博学をたたえられている紀《き》昀《いん》が、その博識を駆使して『閲微《えつび》草堂筆記《そうどうひっき》』という怪談集を書いている。儒学の徒といえども、大いに怪・力・乱・神を語りたかったが、孔子の言葉は目に見えない圧力を後世の学者たちに及ぼしていた。

ふしぎにも、この儒学の厳しい検閲の網をもれて現代まで生き残った、珍しい『山海経』

という本がある。

儒者の家に生まれながら、生来、新しいもの、珍しいものが大好きであった亡父、歴史地理学者小川琢治〔一八七〇—一九四一年〕は、中国古代の地理書としては風変りな『山海経』に着目し、これが儒家の頭によって合理化されない以前の、素朴な古代中国民族の伝承として貴重すべき資料であることを論証した。

父の考えによると、南山経・西山経・北山経・東山経・中山経に分れた「五蔵山経」の五篇こそ、他の海外南経・海外西経・海外北経・海外東経・大荒東経・大荒南経・大荒西経・大荒北経・海内経よりはずっと古くから伝来された原本の部分だそうである。その南山経の最初のページを開いてみると、

「南山経のまっさきの鵲《かささぎ》山、その山脈のまたまっさきに位しまするは、招揺の山でござります。高く聳《そび》えた山頂は西の海を見下し、桂の木が一面に生いしげり、金と玉をおびただしく産します。

そこには珍しき草がござります。そのさまは韭《にら》に似て、青色の華《はな》をさかせます。名を祝余と申し、これを食しますれば、いかなる空腹をも忘れるということでございます。

またふしぎな木がござります。そのさまは穀《こうぞ》そっくり、木目はまっ黒にて、華より後光を放って、あたりを照らします。その名を迷穀《めいこく》と申し、この華を身につけるときは、いかなる暗夜にても、はたまた人里離れたる山中にても、けっして道を迷わぬ由にございます。

また変った獣めがすんでいまする。そのさま禺《さる》に似て、耳はまっ白、二本脚にて立ち、身をかがめて走りますが、その疾《と》きこと驚くばかりでござります。その名を狌狌《しょうじょう》と申し、この肉を食しますと、すばらしき走者となれるとのいい伝えでございます」

というような調子で書かれている。招揺の山が現在の何山にあたるかは、いろいろ説があってよくわからない。いにしえの蜀《しょく》、現在の四川省の東方の山にあたるまではまちがいない。その東三百里にある堂庭の山には白猿が多く住むといい、さらに東方三百八十里には猨翼《えんよく》の山という猿にゆかりの山がある。

山に住む怪獣には奇妙なものが多いが、西山経の羭次《ゆじ》の山では、

「ふしぎな獣がここに棲息します。そのさま禺《さる》に似て、臂《ひじ》はめっぽうに長く、石投げの名人にて、囂《きょう》と呼びます。また鳥もおります。そのさまは梟《ふくろう》、顔は人間そっくりにて一本足、橐𩇯《とうひ》と申し、冬に現われ、夏には居所が知られませぬ。この羽を身に帯びるときは、落雷の怖れがないと申します」

などとも述べている。そのほか、小次の山では、猿に似て、首が白く足は赤く、朱厭《しゅえん》と名づける獣が住んでいて、この獣が現われると大戦争が起こるなどと伝えている。

中国の山神たち

『山海経』は古代の夏朝の開祖である禹王が九州の区分をはじめようとしたときに準備のため行なった、天下の名山五千三百七十の実地踏査記と伝えている。この山々には、たとえ

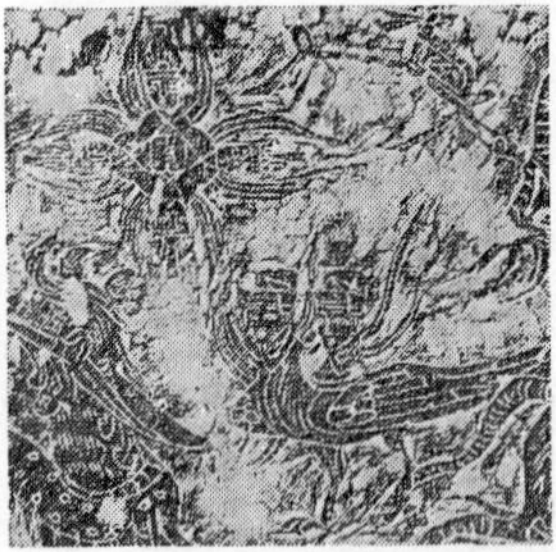

中国の山神たち

ば、

「まっさきの鵲山、そのまたまっさきの招揺の山から箕尾《きび》の山までの十山、二千九百五十里の山脈の峰々におわします神々の、そのさまいかにといえば、みな鳥の身体に竜の首。おん祭りにはそれぞれ神体に同じ毛色の犠牲をえらんでそなえ申し上ぐるなり」（南山経）

というように、神はたいてい異相をおびていた。竜身鳥首というように、頭部が鳥獣で身体も鳥獣などというのはむしろ例外で、たいていは人面竜身、人面蛇身、人面虎身虎爪とか、人面羊身、人面馬身、人面豕《し》身、人面獣身、ときには人面鳥身などというように、人間の頭で身体は鳥獣というのが多いと伝えている。

個々の山神には、たとえば、

「夫夫の山には……于児《うじ》の神しずまられます。そのさまは、身体すべて人にことならず、もろ手は両蛇をあやつり、つねに江の淵に身を沈めて、神遊びされます。出入りごとに光りまばゆく照らす由でございます」（中山経）

と書いているから、その神の身体も容貌もまったく人間とちがうところがない。

また天下の名山である苦山（嵩山《すうざん》）の、

「少室・太室の峰はその根元の冢《ほんしゃ》でございます。そのおん祭りには牛羊の太牢をそな

え、吉玉を枝にかけてささげます。その神のさまは、みな人面ながら三つ首だと申します」(同上)

といい、また平逢の山の神は二つ首とされている。青要の山は、

「武羅と申す神のつかさどられます。そのさまはといえば、顔は人面、身体は豹の紋、細腰に歯白く、耳には金銀の鐻《イアリング》をはめられ、舞われるたびに、玉のように清らかな音が鳴りわたるそうでございます。女人禁制の山々とはちがい、この山ばかりは、女人の登山がさし許されております」(同上)

といっている。おそらく青要山神は女体であったのであろう。顔には面をかぶり、身体は豹の皮をかぶって、仮面舞踏を演じた様子が目の前に見えるようではないか。平逢山神は二つ面、少室・太室山神は三つ面をつけたのであろう。

漢語の人面はもちろん人の顔をさしているが、岐山の渉𩆜《しょうた》という神が「人身にして方面、三足なり」(同上)と書いてある。この「方面」とは平らな四角い顔の意味であるが、人間に平たくま四角な顔があるわけでない。たぶん冒頭に述べたような鬼の顔に似せた、由の字に象形されるような方形の平べったい鬼面をつけたと考え、これを出発点として想像をめぐらしたのである。

中山経の岷山《みんざん》の十六山神のなかの熊山の神を祭るには干《たて》などの武器をもって舞って禳《はらい》をし、冕《かんむり》をかぶり朝服をきる舞いによって神に幸福をいのるといわれる。竜身人面の騩《き》山《ざん》の神のごときは太牢の膳を具えて巫祝の二人が舞ったという。山の神の霊がのりうつった巫

一つ目、一本足の山神

は、竜の仮装をなし、恐ろしい人面をつけ、神官を相手にして激しく踊りつづけたのであろう。

　天山の神の渾敦《こんとん》（一五四ページ参照。また混沌とも書かれる）のように面目のないものもあるが、一つ目しかない面をつけるものもあった。『山海経』のやや後世にできた部分では、人面獣身、人面鳥身の異形の神の仮装をしてこの世界に降る人々が異郷人であり、海外の異国の住民と信じこみ、海外の異国の異風俗として記載する。

　前に出てきた一首三身の神は、海外西経では、三身国という国として現れ、また一目一鼻の一臂国もある。海外北経には、

「東にあたって一つ目の国がございます。国民の顔のまん中に一つ目がある由にございます。……その東にあるのを柔利国と申します。その国人は一本腕、一本足でして、さらにめずらしいことには、脚の膝のところで曲って、足が逆に上についているそうでございます」

とあり、海内北経では、

「鬼国はまた「弐負《じふ》の尸《しかばね》」の北の方にあたります。こやつもそもそも奇妙なことには人の面をしないが、一つ目だと申します」

と書かれている。一つ目、一本腕、一本足はだいたいはたがいに密接に結びついて異人の特

徴となっていた。中国の山神も日本の山の神と同じように一つ目、一本足と信じられ、巫が一つ目の面をかぶって山の神に扮して、この世に降臨し神の舞いを踊ったのであろう。

一つ目の国では独眼が顔の中央についていたといわれるが、巫のかぶる山神の面は猿の顔をかたどり、がんらいは中央に一眼があいているばかりで、鼻も口もない平たい面であったのだろう。甲骨文字はふつうは一眼をも省略し、平たい猿面をつけた感じを表わしているが、なかには一眼を中央部にあけたところを表現するものもある。一つ目があれば、口の表現も必要というので三一ページの③のごときものが出てきた。しかし中央に一つ目があいているという本来の猿の正面像であったことが忘れられると、側面像と誤解して一つ目に横から見た口も横に引いてつけ加えたのであった、と私は解釈したい。

この甲骨文字を猿に似た怪物の夒《どう》と解釈した王国維さんの独創的な説にたいして、この上部は猿でなくて鳥の頭部を横から眺めたのだと異説をとなえた学者があった。もっともらしいその誤解は、私の答弁によっておおかた解消したと信じる。

神の代理人

殷王朝の卜師たちは、この猿または猿に似た怪物にたいして、

「癸巳《みずのとみ》の日卜《うらな》い貞《と》う。高祖《とおきみおや》なる夒のみまえに祭りせんとす。吉《よ》きか」

というように、これを高祖と呼んでいたく尊崇し、また「夒のみまえに六頭の牛を尞《や》いて祭りせんか」のような卜いを行なっている。いま「尞《や》く」と訳した字は甲骨文字のもとの字は

※ ※とかかれ、柴を積みあげて燃やして天神を祭ることを表わしている。柴をやく祭りであるから、また祟《さい》とも呼ばれ、柴のあいだに牛や羊の犠牲を混じてやくので、また燔《はん》ともいい、このたちのぼった香ばしい煙に食欲をひかれて、天神が地上に舞い降りてくるので、禋《いん》(けむりまつり)と呼ばれる。

殷王朝がこの柴を焼く儀式で祭るのは特別の神にかぎっていた。二、三の例外はあるが、夏王朝を敗って殷王朝を開いた湯王以後の祖先の各王には、めったにこの祭儀は用いられない。これにたいして、河と岳やもっとも遠い祖先である王亥《おうがい》と夒などを中心として、これに附属して殷の王朝の祖先神、日本の皇統にたとえれば人王第一代の神武天皇にあたる上甲微などの比較的遠い祖先の六君がこの儀式をもって祭られている。

とくに河神と岳神と、いわばわが猿田彦の神である夒とがいっしょに柴祭りされた例が多い。古代エジプト文明がナイル河の賜物であったように、古代中国文明の産みの親である黄河を支配する河伯とも呼ばれる河神、また華北の平原に君臨するようにそびえる岳の神が、この特別な祭儀をうけることは当然であろうが、殷王朝がこの中国の猿田彦神をなぜこれと同列に取り扱ったのか、理解に苦しむひとがあるかもしれない。

私の考えでは、その理由はきわめて簡単で、この猿田彦は天帝の身代りにこの地上に降ってきた神であり、天にまします上帝にたいすると同じ尊敬をうけたにすぎなかった。

殷王朝の卜いの言葉、いわゆる卜辞によると、

「この二月、帝は雨を降らしたまわぬか」

「この三月、帝はたびたび雨を降らしたもうか」

のように、帝は降雨を支配する力の所有者であった。乾燥した華北の大平原では二月・三月の播種期の降雨の有無は、その年の農作の豊凶の分れ道である。雨を支配する上帝はこれに関連し、雲・風などを左右し、都市建設、戦争の勝敗などを支配する、ギリシャのゼウスのごとき強力な神であった。

こういう激しい性格をもった上帝を、直接に対象として祭ることを殷人は畏れはばかった。かつての専制君主、現在の独裁者、また広くワンマンとあだなされる実力者などには、直接対面してものを依頼するのは畏れ多いし、また一言のもとに拒絶されて、事が駄目になる危険があるので、その側近者を通じてそっと御意をうかがってみるものだが、古代の殷人がこの強烈な神である上帝をじかに招き下して、その神意を祭って、直接に祈願することをさけて、何かの神を仲介にたてたのも同じ心理によるものである。上帝には側近に帝臣という五人の臣下がいる。また帝の使者と呼ばれている霊鳥の鳳も信じられていた。年の豊作を祈るとか、上帝はいったい殷の王朝にたたって何かの禍いを下すつもりかどうかなどと、直接に告げ問うことはめったにしなかった。たいていの場合は、殷の遠い祖の君たちとか、とくに祈年とか求雨の儀式では、夒・河神・岳神などに犠牲をささげ、帝意をたずねることが多かった。

上帝はめったに地上に姿を現わすことがない。帝がもしこの地上に姿を見せたとなると、それは非常の出来事で、きっと国家に長期の旱害のごとき大災害をもたらした。

「雨が降らない。帝の異《くだ》りたもうゆえであろうか」

「雨が降らない。帝がこの邑《まち》つまり殷の都に禍を異降《くだ》したもうのだろうか」

前の文の「異」はとかいて、鬼の面をかぶり、鬼の姿をしているのを表わしている。これにたいして後の文はこの「異」と「降」とを一字にしてとして、鬼の面をかぶり、両手と両足をひろげて梯子をつたって地上に降りてくるさまを目に見えるようにえがいている。

華北平原に住む中国の全農民の生活の鍵をにぎった黄河の神、その頂きに雲がかかれば、やがて旱害になやむ平地に雨を降らせる岳の神が、祈年・求雨については上帝から職務の一部の分掌をうけていたと了解される。山に住む猿に似た夔は、上帝から命ぜられ、ときどき高地をへて平地に姿を見せていたので、いわば上帝の地上に生まれ代った姿と解することができるであろう。『山海経』の神にたとえると、人面獣身、一本足の神に扮した巫がこの役を演じたといってもいい。

天帝に罰せられた夔

一本足の山の神は生まれおちたときからのものでなかった以上、おのずから因縁があるはずである。『山海経』には、中国の西北のはてに天帝のたてた、方八百里、高さ一万仞《じん》の崑《こん》崙《ろん》という地上の大楽園のことを、いろいろと述べているが、

「ここにふしぎな木が生いたっております。形状は棠梨《やまなし》に似てい、花は黄に、実は赤く、

味わいは李《すもも》に似て、核《たね》なく、名を沙棠《さどう》と申します。水禍を防ぐ効能あって、これを食するときは身を水中に投じられても溺れないとのことでございます」（西山経）

といっている。この奇木については、いろいろの伝えがある。一説では不死樹ともいい、これの実を服すると不死長生の功徳があるといわれた。この東方に、

「巫彭《ふほう》をはじめ六人の巫女たちが、死骸を取りまき、不死の樹の実をもってこのものの霊魂を呼びかえし、更生をもとめております。近寄って確かめると、人の顔はしておれども、下身はうろこが生え、まったく蛇にて、まごうことなく窫窳《あつゆ》に相違ござりません。あわれ弐負《じふ》なるものの臣下の手にかかって、ことされ、もはや手遅れと見えます。

　これには深い仔細《わけ》があります。この恐ろしき怪物の窫窳は、ある説によりますと、頭は人間、身体は赤牛、足には馬のように蹄が生えて駿足をほこったといいますが、これはあやふやです。弱水のなかに住まいしたと申しますから、蛇身でいわば水中の竜身と見えますが、常に人の子をとって食ったという悪神でございました。この見る目も恐ろしい怪物はじつは天帝の仰せをうけて、不死樹の樹の根にあって、不老長寿の仙薬のなる樹の実が人に盗まれぬよう見張り役をつとめておったのでございます。ふたごころの神とも訳すべき弐負神なるもの、悪心を起こして、不死の樹実《このみ》を手に入れんとして謀をめぐらし、ついに配下の危と呼ぶものの力を借りて、この怪獣をうち殺して、この神薬を奪い去りました。

　烈火のごとく怒られた天帝はすぐさま危をひっとらえ、右足に梏《あしかせ》をはめ、両手と頭の

髪を縛りあげて、疏《そ》属《ぞく》の山の頂上の木に吊るして、永久に見せしめとせられたのでございます。これはまことに当然の報いと申さねばなりませんが、窫窳のほうはまったくかわいそうなことをしたものでございます」（海内西経・海内南経・北山経などをもとにした復原）

という一場の物語りがある。不老の木実を盗んで天帝の怒りにふれ、足かせをはめられ、木に吊るしてさらしものにされた悪者の名は危であった。

危に関して注目すべきは、上古音では危と同じく疑母にぞくする奇を声符とする「踦」字である。

前漢末の一代の文豪、揚雄が広大な漢帝国版図のうちに行なわれている方言を採集した『方言』の第二巻には、

「倚・踦いずれも奇《めずら》しいという意味である。しかし関より以西、秦・晋の地方では、およそ身体の一部に不具合があるもののことを倚と呼ぶ。梁・楚地方ではちょっとちがって踦といい、雍梁の西郊ではそのような獣物のことを踦と称する」

と書いている。この「踦」ということばは、この字の偏が足へんになっているところからみて、『山海経』の、不死の薬を盗んだ罰で足かせをはめられた悪者であるかもしれない。つまり「かたわもの」という意味で、旁《つくり》が「奇」とされたのかもしれない。しかしこういう二次的な連想にはあまりこだわらないで、先へすすもう。

本名である、猿の身体をした一つ目、一本足の中国の山の神である夔《どう》、またはもう少し怪

物化された夔《き》、ある学者の説によると二者は古代では同音ではないが、発音はきわめて近いから、同一神と認めてもさしつかえないといわれるが、ともかくこの本名が、この伝説では訛《なま》って危になったと推定される。

殷墟卜辞のなかには、という神がでてくる。これは夔が我《が》をもっている状態を表わしている。この我は本来は斧によくにた武器の一種である。この字は夔が不死樹の守護神を打ち殺しているところを示したもので、夔の一つの異体の字とみられる。

これにたいして卜辞にはまた神名として、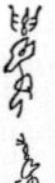という字が出てくる。前者は夔がひざまずいて後手にくくりあげられ、髪をもって吊りあげられようとするさまを表わし、後者は武器を前において、恐れ入った夔が後手にいましめられ、髪をつかまれている情景が目に見るようにえがき出されているではないか。ある甲骨文の学者が、この字も夔の異体だと推定したが、なぜ異体であるかを説明しえなかった。私のさがし出した不死樹の強奪犯人として処刑されたという『山海経』の伝説によって、この理由が明瞭になると信じる。

人間の祖先

山の神の夔、または夔は、地方的に分化した神話伝説のなかでは、ときには俊《しゅん》・夋《しゅん》・舜《しゅん》・嚳《こく》など、いろいろの名前で呼ばれるようになる。そのなかで嚳という名の由来がよくわからない。「嚳とは極である。よく道徳を窮めつくすという意味だ」とか「嚳とは考えること、成すこと」といわれる。帝嚳が考えて明らかにした法律制度が、醇美嚳然として、酒の芬香とにているからなので、その徳をべたほめにほめているわけだが、さっぱり的確な意味がつかめない。『説文』のような古辞書でも「急いで告げることが嚳だ」と解するが、やはり意味がはっきりしない。

嚳という名は、古書ではまた佶ともかいているから、おそらく古代では梏とも通用され、天帝によって足に梏をはめられるという運命をもって生まれたものをさし、また佶・嚳とかくようになったのであろう。

この天上で大悪事をはたらいて、体刑をくった悪者は猿であったといえば、読者はきっと中国の有名な小説『西遊記』の主人公、猿の化身である孫悟空を連想せられるであろう。酒を盗んで泥酔し、仙女にたわむれ、天帝のおしかりをこうむり、頭に金属製の緊箍児《きんこじ》のわくをはめられて、山に無期の監禁の罪に処せられた孫大聖の運命と、猿の山神なる夔のそれとのあいだには、いくつもの共通点が見出される。『山海経』にのせられた危の民間伝説が道教の経典のなかで変容され、『西遊記』にいたって壮快な孫大聖の活劇として大成されたと解釈される。この古代説話と近代の小説とは一脈の連絡をもっていることはたしかであろう。

天上で大罪を犯して罪人となった猿の神は、かくして地上に追放され、人間の祖となることになった。この山猿の地上における足跡をたどりながら、彼の行方をたずねようではないか。

第二章　瞽師の伝承——中国の語部

古代中国の語部

中国のたしかな歴史はどこまで古くさかのぼることができるか。中国のまぎれもなくたしかな歴史をいつから書きはじめるべきであるか。われわれは幸いにして、最近四、五十年のあいだに、内外の多数の考古学者が苦心をかさねて発掘した中国各地の遺跡と遺物についての報告によって、中国の土地にはひじょうに古い昔から現代の人類とはかなりちがった旧人類がすみ、狩猟・牧畜・農業をいとなんで、しだいに生活を向上させてきたことを知っている。

中国の考古学者と社会経済史家たちは、この新石器時代の遺跡と遺物からえられた知識をもととして、熱心に討議をかさね、殷代以前の社会組織を復原し、それがどんな経済の発展段階にぞくするかを決定しようとしている。今のところこの社会経済組織は原始公社制、つまり原始共同体と見なす意見が強くなってきた。

中国民族が文字によって、過去の生活の記録をとどめる時代までくだってくると、歴史家は、人間の過去の真実な姿を再現するために、考古学的な発掘によって発見した物質的な証拠のほかに、この文字による記録をも用いて明らかにした確かな歴史事実にもとづいて、客観的、科学的な歴史を作りあげることができるであろう。

中国の歴史の第一ページは、中国の民族が悠久の昔に、黄河流域の大平原の一角にはじめて住みついたときに始まるが、もちろんまだ文字を知らなかった原始時代の中国民族の遠い祖先にあたる人間が、みずからの生活について文字によって直接に記録を残すはずはない。中国の民族が、祖父から父へ、父から子へ、子から孫へと語りつたえてきた「語《ものがたり》」があるばかりだった。


まだ文字のない中国の原始時代に、部族などの伝承つまり「語」が、どういうようにして、父から子へ、子から孫へ語りつたえられていったのか、具体的なことはよくわからない。部族の起原や、祖先の功業などの長い物語りを記憶するのは、特殊の能力を必要とする。日本の古代には、この口頭伝承を専門にする語部《かたりべ》という部族がこの仕事を世襲していた。中国古代にもこれに似た専門家の群が存在していた。ただし中国の古代社会は、年代的には、日本よりずっと早くに開化したので、この語部の専門家たちは、わが国の古代よりも整備された組織をなして、政府の体制の一部を形成していたようにみえる。

『周礼』の大司楽の職務

周公が制定した周の王朝の行政組織の法典と伝える『周礼《しゅらい》』という書物がある。そのなかに語部に類した官職のことが記載されている。

「かけまくもかたじけなき周の王様、周公のきみが、国《みやこ》を作りたもうたとき、まず太陽の影によって方角をはかり、南北の方向を正し、国《みやこ》のうちと郊外の道路、田畑の区画をととのえ、次に官《やくにん》どもをおき、それぞれ職《しごと》を分担して、民《おおみたから》の極《むなぎ》となしたもうた」

という前文に続いて官庁の組織法と職制とが記されている。それはまず、天の官なる冢宰《おおいなるみこともち》、地の官なる司徒、春の官なる宗伯《そうはく》、夏の官なる司馬、秋の官なる司寇《しこう》、冬の官なる司空などの六官に大別され、合計三百六十の官職が設置されていたという。このうち春官宗伯は、わが国の奈良・平安朝の律令制度における神祇官のように、神々の祭礼と儀式の執行をつかさどるものであった。宮内省の大臣にあたる宗伯という大臣のもとに、歌舞音曲を職掌とする音楽部があった。その長官ともいうべき役人が大司楽である。『周礼』によって、その職務の規定を読むと、

「大司楽《おんがくきょくちょう》は成均《ハーモニー》の法《りろん》を管理して、これにもとづいて国立大学の設備を整理して、貴族と官吏の子弟を就学させねばならない。そのために次の事務を行なうものとする。

㈠　優秀な芸術技能の保持者と高潔な人格者とを選んで教授に任命すること。もし教授が死亡したときは、楽祖の尊号をおくり、瞽宗《だいがく》内にこれを祭らねばならない。

㈡　音楽を通じて中・和・敬・常・孝・友の徳目について国子《がくせい》の情操教育を行なう。

㈢　興《きょう》（たとえばなし）・道（むかしばなし）・諷《ふう》（朗誦）・誦《しょう》（歌謡）・言（問）・語（答）によって国子の道徳教育を行なう。……」

とある。このように大司楽が、国子を教導する手段とした楽語は興・道・諷・誦・言・語の六種に分れるのであるが、はじめの興・道について、注釈は、

「興とは善物をもって善事を喩《さと》すこと。道は導と読みかえるとわかりやすい。つまり過去のことを述べて現在をあてこすること」

といっている。それによると興とは勧善懲悪の喩《たと》え話であり、道とは古《いにしえ》の聖《ひじり》の君の故事によって、現代の政治をそれとなしに批判した昔話のことをさしている。この楽語なるものは、その内容からみると道徳を平易に説き明かす訓戒譚なのである。

諷・誦についての注釈は、

「倍文《あんしょう》が諷であり、声をもって節するのを誦という」

とある。この楽語は一般に書物によらず、暗記で語るのであるが、そのなかで単に棒読みで暗誦するのが諷、節をつけて歌うのが誦であるという。これは楽語をその語り口によって分類したのであるが、最後の言・語について、後漢の大注釈学者である鄭玄《じょうげん》は、

「端を発することを言といい、答え述べることを語という」

と注している。語の原義は大司楽という音楽の大先生が若い学生である国子の問いに応じて、口頭で教訓した言葉だというのが、彼の解釈であった。

この楽語などによる教訓を現場で担当していたのは、大司楽の管轄する次の職官であった。前条につづけて、

「大司楽には、この目的を達するため、次に述べる官職が設置される。

㈠　楽師（略）

㈡　大胥《だいしょ》（略）　小胥（略）

㈢　大師、下大夫つまり高等官三等待遇二人。小師、上士つまり高等官四等待遇四人。瞽《こ》矇《もう》つまり盲目法師、うち上瞽四十人、中瞽百人、下瞽百六十人。眂瞭《しりょう》つまり瞳があるのに視力を欠くもの三百人。府つまり属官四人。史つまり書記八人。胥《しょ》つまり雇員十二人。徒つまり給仕百二十人。……」

とある。この瞽矇という盲目の楽人たちの職掌としては、鼓《つづみ》や木魚のような打楽器をうちならし、簫《しょう》のような管楽器、また絃楽器を演奏すること、すべて音楽の演奏があげられる。これとならんで、琴瑟《きんしつ》などをかきなでながら、詩と、周王朝や諸侯の家の系譜を暗誦することも、その任務であると規定されていた。この盲目法師が国子たちに、詩の文句と、王朝・列国・豪族の家系図を暗誦してきかせたのである。

この系譜と訳した字は、原文では「世奠繫」と書いてあり、単なる系図ではなくて、日本の世継物語のように、歴代の帝王の言行についての物語りもともなっていたらしい。

上瞽四十人、中瞽百人、下瞽百六十人、合計三百人にのぼる多数の盲目楽師の一団が、周王朝の祖先の功業を主題とする歴史物語を暗誦し、口から口へと後世に伝承する仕事にあたったのである。その長官である大師は下大夫、小師は上士という立派な資格をもつ高級官僚であるが、春秋列国の慣習などからみると、大師・小師もまた盲目法師の出身であったらしい。

春官の人員構成

『周礼』という本には前に説明したように、天地・春夏秋冬を象徴する六部、現代の政府にあてはめると、六省に分れ、合計三百六十の官職の設置のしかたとか、職務内容の分轄とか、なかなか整然とできあがっているように書かれている。それであるからこの『周礼』は後世ながく中国の行政組織の模範と仰がれるようになった。唐帝国の行政法規を体系化した『大唐六典《だいとうりくてん》』はこの『周礼』をモデルにした唐代の基本六法全書とでもいうべきものであった。

もっぱら『周礼』にならって作られた『大唐六典』のごとき本が、そのまま中国中古の大唐帝国の法制の基本法として立派に通用することは、古代の『周礼』が中古の集権国家に適合した政治組織法になりえたことを示している。このことがかえって『周礼』そのものが、古代の周王朝の現実の立法そのものからずれて、戦国時代以後の集権国家の法典として整理しなおしたものであることを示すとみられるかもしれない。言葉をかえると、周代の始めの法制でなしに、それから七百年以上をへた戦国時代、あるいはそれ以後の儒家系の社会制度研究者が、周公のつくったという礼になぞらえて、頭のなかでつくりあげた理想的官制ではないか。こういうように懐疑する文献学者がたくさん出てきた。周の大司楽という文部省の文教局長のもとでの、興・道・諷・誦・言・語などの六科目によって、貴族の子弟に道徳教育を行なったという、『周礼』の職務規定も、前にふれたように、あまり合理的で秩序だっているところに、かえって後代の思想の影響が認められるとするひとがあるだろう。

わたくしはこのような懐疑論に必ずしも賛成することができない。「見ること少なきものは、怪《うたが》うこと多し」という中国の格言があるが、少し極端すぎる見解のように感じられる。この春官に属する員数は、官吏から一般の庶民で役所に奉仕するものまでを合算してみると、総計二千七百九十七人に達する。

春官のなかで、問題のこの大司楽に属する瞽矇、眂瞭などの人数を調べると、瞽矇、上・中・下瞽の計三百人、その助手をつとめる眂瞭三百人と、徒すなわち庶民の百二十人と合わせると、しめて七百二十人にのぼっている。前記の春官の員数合計のじつに四分の一にあたっている。この構成員数の比例からながめると、問題視されている『周礼』の実際の編者は春官のなかで、この盲目法師団をかなり重視し、これに比較的多数の人員をさいているといわねばならぬ。

戦国時代の中期以後になると、文書・記録・著作を竹や木の札、つまり竹簡や木簡に筆墨で書く習慣がにわかに中国に普及してきた。がんらい諸子百家と呼ばれる戦国の思想家たちは、弟子や政治家などと口頭で論争をたたかわし、めったに自分で体系的な著述を書かなかった。それが戦国中期ごろからしだいにこの問

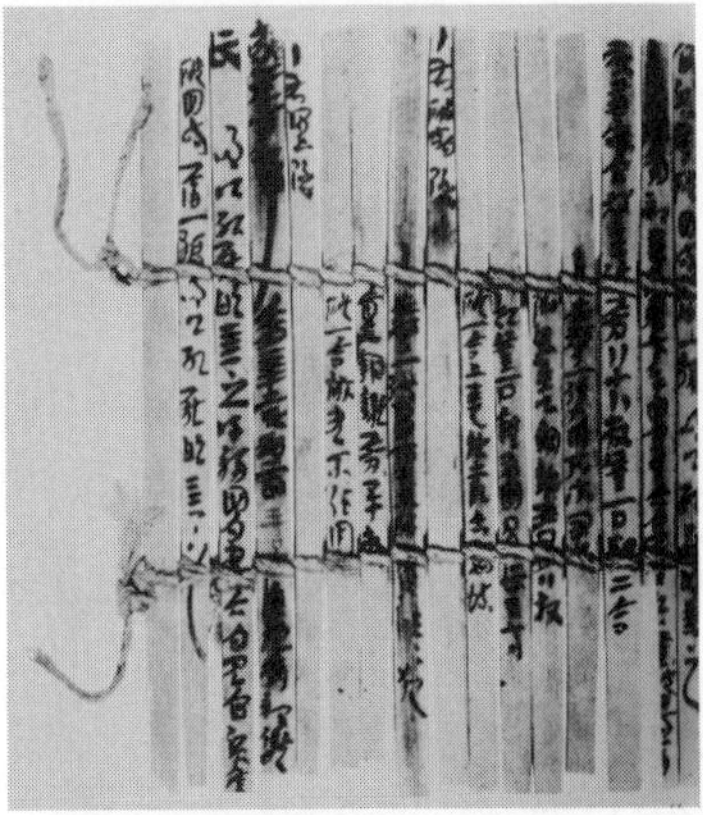

竹簡（居延漢簡、漢時代、1世紀、中央研究院歴史語言研究所蔵、台湾）

答を竹簡・木簡に記録するようになり、最後には思想家自身が筆をとって著述を行なうようになった。歴史についても、周王朝と諸侯国の国史は、この瞽師が保存し、口から口へ伝えた世継ぎの歴史物語の伝承を主体としていたが、戦国時代から竹簡・木簡上に書かれた記録・年代記などがしだいに重要さを加えてきた。魏国の王墓から発掘されたと伝えられる『竹書紀年』と称される年代記はその適例である。『周礼』のなかの歴史記録をつかさどる史官の員数をみると、大司、下大夫二人をはじめ小史・内史・外史・御史などのいくつかの部門に分れているにかかわらず、その構成員数は計四百三十五人にすぎないから、前記の口頭伝承をつかさどる盲目法師の数にくらべて三分の二にも足りない。これは、『周礼』の実際の編者も、書かれた記録よりも、盲目法師の口頭伝承のほうが重要性をもっていた時代の遺制を、まだまったく忘れてはいなかったからである。記録を主とする史官制度が整備され、口頭伝承がすっかり衰えた戦国後期以後、とくに漢代以後の社会に生活している学者などが、このような口頭伝承の組織を架空で創作することはむつかしかったにちがいない。『周礼』がいつの時代に最後的に編纂されたとしても、材料としては、周代からの遺制がかなり利用されたことは否定することができない。

司巫の職掌

『周礼』の春官のなかには、大祝《はふり》(神主の長)をはじめとして小祝(神主の下役)・喪祝(喪式の神主)・甸祝《てんしゅく》(狩猟の神主)・詛祝《そしゅく》(誓《うけい》の神主)などがある。人間と神とのあいだを仲介して、神に人間の言葉を告げることが祝の原義であり、日本の神主のごとく、あらゆる儀式の用事をしているのとちがって、これだけを専門とする官職を祝と呼んだのである。下大夫二人をはじめ総員百十八名を数えていて、相当な多人数がこれに従事しているのである。

これにつづいて司巫《しふ》という官職がある。中士つまり五等官待遇の二人を頭として十三人しか下役がおかれていない。これは巫《みこ》の長官であるが、男の巫も女の巫も「数なし」として、ただ中士の師四人とその下僚五十人の下役が配属される。数なしとは、男巫・女巫は直接に統属しないことを示すものである。

『周礼』は巫の役目として、雨乞いの行事のさい舞いをまうことを第一にあげ、また葬式のさいに「巫降の礼」つまり神々を招きよせることもつかさどるといっている。神が神巫にのりうつって、その口を通じて神の意志を託宣としてつげる風習は、北アジアや中国・朝鮮・日本などにひろく分布している。とくに北部シベリアや中央アジアの未開部族のシャーマンという巫師は、タンブリンを手に持ってたたき、歌いながら激しく踊っているうちに、忘我の状態に達し、神の託宣を口走って、最後に全身硬直し失神してぶっ倒れるのを常としている。中国古代の巫もやはりこれと同様に、踊りつつ忘我の域に達し、神がのりうつって神託を口走ったのであろう。

『周礼』はまた、巫女は手に茅《ちがや》を持って神を招きよせると書いている。柳田國男先生は「巫女考」〔一九一三―一四年。『柳田國男全集』第二四巻、筑摩書房、一九九九年〕のなかで、日本でも巫女が神を招くために、小笹の葉の小枝をもち、湯にひたしてうちたたきながら踊りまわっているうちに恍惚となって、神がのりうつるのだと説かれる。『古事記』には天照大神が隠れられた天岩戸の前に「天《あめ》の宇受売《うずめ》の命《みこと》、天の香山《かぐやま》の天の日影をたすきにかけて、天の真拆《まさき》をかつらとして、天の香山の小竹葉《ささば》を手草《たぐさ》に結《ゆ》いて、天の岩屋戸に覆槽《うけ》ふせて蹈《ふ》みとどろこし、神懸りし」たもうたといっている。天のうずめの命はきっと踊りながら、神がかりした巫女の役をつとめたにちがいない。そのとき手にもっていたのが小竹葉であった。中国の巫女の習俗と日本のそれとのあいだに、とても暗合とは思えないような一致が存在するのはまことにふしぎではないか。私はこの日中両国の古俗の共通性に驚くとともに、このような『周礼』の記述のなかには、後世の儒家の想像によって頭のなかでほしいままにでっちあげられたものではありえない古俗がもとになっていることを認めざるをえない。

　それはともあれ、物語りを暗誦する盲目法師瞽矇のみか、さらに神懸りして託宣を語る巫女のような未開社会の遺制であった官職が、たくさんの人員を擁するように定数をきめている『周礼』の官制は、戦国後期以後、巫師などの前代的信仰の衰えた時代の合理的な官僚国家のもとにある学者たちの常識をこえている事柄であることはいうまでもない。

　「巫」という字は甲骨文字ではとかかれているが、この意味は今まで誰も説明していない。私は次のごとく考える。中国では「乱」という字を甲骨文・金文ではとかく。これは糸を整理して糸巻きに巻きつけるさまを表わしている。この字を要素に分解すると、

となる。のは糸巻き、はこれに巻いた糸、ととはこの糸巻きを左右の手でもって巻く動作を示している。このが糸巻きを表わしているとすると、は糸巻きを二つ合わせた糸車を横から見た形とみることができる。多分、巫女が小さい糸車を持って舞う習俗が存したので、この巫女を糸車で表わしたのであろう。

折口博士は、日本でも古く、「海岸に神を迎えた時代には、村から離れ住んで、海波の上に造り架けた様な、さずきともたなとも謂われた仮屋の中で、機を織っている巫女があった。板挙《たな》に設けた機屋の中に居る処女と言うので、此れを棚機つ女《たなばたつめ》というた。又弟たなばたとも云うのは、神主の妹分であり、時としては、最高位の巫女の候補者である為でもあった」といわれ、水辺に住む水神の巫女として、機を織る娘がこれにあたっていたと想像されている。

巫女の系統をひく白拍子の出身である静御前が、「しずやしず、しずのおだまきくり返し」と歌ったのは、巫女である白拍子が、舞う時に糸車を持っていたからではなかったかと思われる。これも日本と中国の古俗の一致したものであると私は考えている。

故事暗誦による教育

『周礼』に書いているような口頭伝承の物語りによって子弟を教育した制度が、戦国時代になってもまだ列国の宮廷で行なわれていたことを裏づける史料をたくさん見出すことができる。戦国末期に儒家を大成した『荀子』のなかに、戦国初期の開明君主として有名な魏の文侯の子にあたる魏の武侯（前三九六即位―前三七一年）が、ある日国政について臣下たちと議論して、すっかりいいまかして、臣下は無能きわまる、だれも自分に及ぶものがないと得意になったという話がある。

先代の文侯時代から仕え、古今の名戦略家として有名であるばかりではなく、実は儒教学者としても一代の名儒であった呉起が、にがにがしい顔をして、

「わが君は楚国の荘王の語《ご》、つまり昔話のことをお聞き及びになったことがございますか」

と申し上げた。武侯はふしぎそうにそんな話は今までに聞いたことがないという。そこで呉起が座をすすめて、

「楚の荘王という王様が国政について群臣に諮問されたことがあります。王の原案に優る案を持ち合わせているものがありません。それはまったく今日のわが君と同様でございます。ところが楚の荘王はわが君の得意になられているのとは逆に、何か浮かぬようすに見受けられました。申公巫臣《しんこうふしん》と申す賢い大臣が、

「恐れながらおたずね申し上げます。王様の御意見が正しかったのに、なぜ御不快に覚《おぼ》されるのでしょうか」

というと、荘王の答えは次のようでした。

「お前たちに余の意見に及ぶものがなかったそのことが、余にとってはかえって大きな不満である。臣下の才能が主君に優り、主君の誤りをどしどしと匡《ただ》すものがあってこそ、ま

すます適切な政策がつくり出され、やがて覇王つまり天下の支配者の位置につけるのである。それとは打って変った今日のきさまたちは何事じゃ。これでは楚国は滅亡にひんしているといわねばならぬ」

と長大嘆息されたという由でございます」

と申し上げると、武侯はさすがに恥ずかしげな顔色で自己の過失を認めたという。

先代に仕えた老人と、新しく相続した若い君主との仲がしっくりゆかないのは、古代の王朝や封建制度などの国に、いつの時代にもよくある話である。しかし満座のなかでこんなに正面からやっつけられると、たとえその場では自己の非を認めても、若い坊ちゃんの殿様のことであるから心中穏やかならず、これを根にもつことになるのは見えすいている。呉起は結局魏の国の土地を売って、南方の楚国に逃亡しなければならぬはめにおちいったのであった。

この昔話は、戦国時代では古えの王様の故事にもとづいた喩え話を「語」と呼び、よく臣下から君主への諫言に引用されていたことを物語っている。

また次のような話がある。

趙の大富商の呂不韋が、趙に人質になっていた秦の王孫の子楚と知り合いになった。当時この王孫の父君で後の秦国の孝文王たる安国君がまだ秦の太子であった。その最愛の妃である華陽夫人に子がなく、他の妾の生んだ子の二十人のうち、どれを後嗣ぎにするかきまっていなかった。呂不韋はこの庶子の一人である子楚に目をつけ、これを秦国に帰らせて、秦の世嗣ぎにし、それを手蔓として、出世しようと大望をいだいた。そこで大金をばらまいて華陽夫人にとりいり、その口ききで父君の秦太子に目通りさせようとした。これに乗った夫人はついに子楚を父君に謁見させることを承諾した。この謁見に先だって、夫人は子楚を呼んでこまごまと注意をあたえた。夫人は、

「謁見のさいに必ず王様は「子《なんじ》何かの故事を暗誦してみろ」とおっしゃるにちがいない。幼時から祖国を離れて趙の人質となっていたお前は、可哀そうにとても満足に気のきいた故事など暗誦できるはずがない。そこでお前は「少《わか》くして捐《みす》てられ、外国に長く在留していました。残念ながらまだれっきとした先生について学問らしい学問をうけたことがございません。したがいまして何も暗誦ができないのでございます」といってお断り申し上げるがよい。王様はお前をふびんにおぼしめされ、かえって情けをかけられるのにちがいない」

と教えこんだ。この作戦は図にあたって、子楚はこの世嗣ぎに取り立てられ、やがて即位して秦の荘襄王となり、その子の秦始皇の代に、呂不韋が秦の宰相になる素地が開かれたのである。

戦国時代には、列国の王子たちは幼時に家庭教師について故事を暗誦することを厳重に課されていた。王子たちが成人した暁、はじめて父王に目通りするときには、故事の一節の暗誦を披露するのが慣例となっていたことが、この話でわかる。

この暗誦される「語」の内容はどんなものであったか、前に紹介した楚の荘王の話でも明らかなように、単なる故事ではなく、「先《むかし》の聖《ひじり》の王の政治にはらった苦心のほどを明らかに

する」ところの教訓話にぞくするものであった。

このように老人の盲目法師の師匠から、弟子たちが厳粛に語ってもらって聞いたという教訓物語の原始的な形は、決して道徳的内容をもった単なる教訓話ではなかった。日本の古代に口頭で伝承された物語りは、がんらい呪術の信仰された時代のことであるから、巫女のようなものが神懸りとなって語った神語がもとであったと、日本の民俗学者たちは考えている。中国においても、やはりそうであったろう。

統一伝説としての堯典

前の章で、儒教における『旧約聖書』といってもよい『書』を引いて、がんらい山の神である夔《き》が琴瑟をかきなでつつ歌うと、祖先の神霊がこの歌のしらべにひかれてやってくる、そして鳳皇《ほうおう》も鳥獣もまた立ちあがって、足取りもよろよろとして舞いだしたことを語った。さらにまたその先を読むと、舜帝がこのさまをながめて感にたえず、口を開いておもおもしく歌いはじめた。

「天にまします上帝が下したもうた命《みこと》は、つつしんで従い、かつ保たなければならない」

これにつづけて、

「股肱つまり手足になるものが喜びたっているのに、頭である元首《きみ》が立ちあがって舞わずにいられようか、百工《みなみなども》、総立ちになって舞おうではないか」

といって、大へんな景気でさわぎだしたように書かれている。

『書』の「堯典」ではまたこのことを次のように書いている。舜帝が夔に命じて、

「そちに命じて、音楽をつかさどらせることにする。国の子弟を教育し、意志は正しくしっかりともちながら、顔色はおだやかにやわらかく、心はひろくのんびりとしながら、体がふるえるばかりにつつしみ、そして剛毅果敢でありながら残酷ではなく、度量はひろいが、横風なところが少ないようにせよ」

といっている。このほうはいわゆる道徳教育らしくかたくるしくなっている。儒教の道徳主義の影響がつよく現われすぎている。

しかし『書』がこのあとにつづけた、

「詩によって志をのべさせ、声高く長くひっぱってこれを朗詠する。その声にあわせて音楽を奏する。歌声も楽音もすべて調和すれば、神と人とが完全に一致和合する。これが教育の極致である」

といった舜帝のことばは、もっぱら音楽と物語りによる古代教育の本来の姿をよく表わしている。

この『書』の「堯典」の物語りでは、一つ目の仮面をかぶって山の神に扮した巫女である夔が、音楽にあわせて、一本足で立ちあがって舞っている呪術時代の素朴な姿が現われている。そうかと思うと、舜帝の臣下で学習院大学の総長の役割りをして、貴族の子弟に音楽と訓話を通じて道徳教育を行なう厳格な道学者らしい面目も現われている。一つの物語りがこのような矛盾した内容をもっているのは、呪術時代からはなれて合理主義的、道徳的な思想

が支配した時代になってから、いろいろの起原をもつ説話群を大規模な物語りに綜合した結果であろう。

恩師、故内藤湖南先生は、中国古代の伝説を二つに分けられた。第一は、中国の各地に残っている原始的信仰に由来する、口頭で伝承された物語りであって、先生はこれを地方伝説と呼ばれた。第二は、開闢《かいびゃく》説または人間の先祖を説明する伝説であって、前者のように原始的信仰から起こったものでなく、人間の知識の発達にともなって生じてきた、進歩した性質のものである。先生によると、さらに後世になって、この地方伝説や開闢伝説などのいろいろの伝説を一つにまとめて整理しようとするようになって、統一伝説が生まれる。先に述べた「堯典」という伝説もまた、内藤博士のいわゆる統一伝説にほかならない。この「堯典」の統一伝説は、いったいいつの時代に、今の形の伝説に完成されたのであろうか。こういう問題については、現在までいろいろの学説があって、必ずしも定説にまで到達していない。

司馬遷の判断

こういう問題に関して、中国の歴史家の父といわれる漢の司馬遷の意見をまず参考にしてみよう。中国の歴史はいつから始まるか。中国の歴史をどこから書きはじめるべきであるか。いつも歴史家の心を悩ますこの問題について、漢の武帝の太初元年（前一〇四年）に、司馬遷が『史記』を書きはじめたときもまた、このことで迷いに迷った。

この四年前に父司馬談についで太史令という、天文学と歴史記録をつかさどる職に就任し、書庫に秘蔵された書籍を片はしから読みあさったところ、古代の出来事についての各書の所伝にあまりにも食い違いが多いのに、司馬遷すっかり驚かされた。このまちまちの異伝を統一するにはどうしたらよいであろうか。司馬遷は結局、自分が十歳の少年のころから父にいやというほど叩きこまれてきた、孔子の編纂したという『詩』『書』『易』『春秋』『礼』『楽』の六つの経典、つまり六芸の記述を基準とするほかにはないであろうという考えに達した。

『史記』の伝記部、つまり列伝の巻頭におかれる「伯夷列伝」は、司馬遷の歴史についての基本的な考え方を述べたものとして、中国文学史を研究するものからひじょうに注目されている。その冒頭の、

「それ学者は載籍極めて博きも、なお信を六芸に考う」

という文句は、この考えを述べたものである。「六経は史なり」というように、六経はみな古代の聖王の言行を記した史料的な性質をもっているが、そのなかでも『書』は歴史記録としての性格を濃厚にもっている。『書』はまた『尚書』ともいわれ、尚《ふる》い昔のことをしるした本である。孔子が編纂した『書』はもっと大部なものであったが、秦の始皇帝の焚書の弾圧にかかり、廃毀された。漢になって、九十余歳の生き残りの伏生という老儒によって、二十八篇だけがやっと見つかったのだというのが常識であった。

司馬遷の生きていた前一世紀は、ちょうど西洋のルネッサンスにあたるような時代であった。抑圧されていた学問の自由が回復され、所持を禁止されていた儒教などの経書が大っぴ

らに勉強できるようになった。漢の中央政府や学問好きの諸侯などが、秦の弾圧で世上から消えていた古書を掘り出すのに一生懸命になった。

魯国の首都曲阜《きょくふ》の孔子の故宅の壁の中から隠されていた経典がたくさん発見されたという噂が世上にひろがった。そのなかには『書』のなくなっていた部分が十六篇もあったという。当時まだ二十歳の青年であった司馬遷は、さっそく孔子の末孫の博士孔安国のもとに弟子入りして、まさに最近死海の崖の洞穴から発見された聖書の断片にもあたる、新しく発掘されたテキストをもとにした『古文尚書』の講義をうけていたといわれる。

こういう古代典籍のルネッサンス時代に際会していた司馬遷が、漢代現行の『詩経』も『書経』もちょうど現代の古本屋の書架の片すみにおしこめられている端本のように、欠本であって、完本ではないとみた。そして『詩』『書』の欠けた点は、何か別のもので補わねばならぬという意見を抱いたのであった。

『書』は虞《ぐ》王朝と夏王朝の記録である「虞夏《ぐか》の書《ふみ》」、殷王朝の記録「商の書」、周王朝の記録「周の書」の三部から成っている。第一部「虞夏の書」の巻首におかれたのは、堯という皇帝の治績をしるした「堯のみかどの典《ふるぶみ》」である。この「堯典」も欠陥があり、堯・舜の言動を完全に捕えているとはいえないけれども、その欠点を補って虞朝・夏朝の記録を復原する方法がたしかにある。

「詩書欠けたりといえども、しかも虞夏の文《ふみ》知るべきなり」

といって、以下にその理由をあげる。老齢の堯皇帝が隠退して、虞国の舜に譲位した。位をついだ舜はまた次に禹に位を譲った。この二つの場合には、岳《がく》または牧《ぼく》など地方の官の推薦により、試みに位につけて、実地に功績があがるのを待って、正式に継承させたのである。

一説によると、堯は天下を虞舜ではなく、許由というものに譲ったが、許由は聞くもけがらわしいと、耳を洗って山奥に逃げ隠れてしまったのだという。「堯典」とはちょっと話がちがうではないか。こういう疑問を起こした司馬遷が、天下周遊の旅行中箕山《きざん》に登ったところ、頂上にまちがいなく許由の墓があるではないか。孔子は、許由と同じような呉太伯・伯夷などの聖人賢者のことをならべたてているのに、なぜ許由のような聖人の言行を書きもらしたのかとふしぎでならなかった。これこそ『書』にも欠けたところがあることを示す実例ではないかと述べている。

『書』の「堯典」に脱漏があるばかりではない。世の学者はまた黄帝・顓頊《せんぎょく》・帝嚳《こく》・堯・舜の五人の皇帝をならべ、はるけくも遠い御代を追慕している。ところが孔子の『書』は前の三帝を省略しているし、諸子百家の黄帝のことを述べた文章は典雅を欠いているといって、大先生たちは引用したがらないというのが実状である。

ほとんど中国全土をくまなく旅行した司馬遷は、黄帝の史蹟といわれる場所、たとえばその巡行の道すじにあたる空桐山とか、あるいは強敵蚩尤《しゆう》を破った有名な古戦場である涿鹿《たくろく》の平原をはじめ、堯・舜の遺蹟などを訪れた。現場の村にいってみると、長老たちは黄帝・堯・舜の昔話を喜んで語ってくれる。その部落の気風もなんとなく落ちついている。その話の内容も『書』とはそうはなれてもいないようだ。旅行から帰ってから、また書物を調べてみると、儒教の古典のなかには、この話を裏づける記事がいろいろと出てきた。孔子の『書』に欠本となっている部分は、他の系統の伝説で補充できるものがあることをつくづくさとった。こんなことは浅学の者などにいくら説明してきかせてもとてもわかるまいが、これに確信をえて、黄帝から筆を起こして、『史記』の原稿を書くことにしたのだ。

司馬遷は、この黄帝以前は人間界の出来事でなく、やや神秘的な時代として、これを切り捨てたのであるが、黄帝以後の歴史も、帝王の名前、順序などについて地方的にいろいろの矛盾した伝説があって、その統一は容易でなかった。ある説によると、五人の帝王が交代して、帝王として中国に君臨したという。一説では、黄帝・炎帝《えんてい》・太皞《たいこう》・少皞《しょうこう》・顓頊がその五帝にあたるという。しかし司馬遷はこの説をすてて、そのころ残っていた中国古代帝王の系図に従って、黄帝・顓頊・帝嚳・堯・舜を五帝と定めて、これに関する記録を「五帝本紀」として、『史記』の始めにおいたのであった。

『史記』の黄帝

『史記』の黄帝についての記事を訳してみよう。

黄帝は諸侯の一人である少典《しょうてん》というものの子である。姓は公孫、名は軒轅《けんえん》といった。生まれたときから常人とちがって、異常なほど知慧が発達していた。赤ん坊のころに早くも口をきくことができた。気がよくまわる少年であり、青年時代には篤実な勉強家であり、成人してからは聡明であった、という。

軒轅が成人した時には、帝位にあった神農氏の子孫の威光がまったく地におちてしまっていた。諸侯は、覇権をかちとろうと、たがいに侵略戦争をおっ始め、人民の労苦は極に達し、しかも神農氏の後裔の天子には、この時局を安定させることは不可能だった。軒轅はやむをえず、たびたび武力に訴えて、神農氏に朝貢しない諸侯の討伐を行なった。その結果、諸侯はみな神農氏に服するようになった。ただ蚩尤という諸侯だけは例外であった。彼はとりわけ暴虐で、軒轅の力をもってしても、これを征伐することは困難であった。

そうした時に、神農氏の裔《すえ》である炎帝は、無謀にも、すでに自己に従っている諸侯を侵攻して威を示そうとしたので、諸侯はこぞって炎帝を見すてて、軒轅に帰服した。軒轅は徳を修め、軍をととのえ、木《もく》・火《か》・土《ど》・金《きん》・水《すい》の五元素の気を調和し、黍《もちきび》・稷《きび》・菽《まめ》・麦・稲の五穀を栽培し、万民をいつくしみ、四方をしずめることができた。軒轅はこの国力を背景として軍備を増強し、熊・羆《ひぐま》・貔《ひ》（虎または豹の属）・貅《きゅう》（同前）・貙《ちゅ》（虎の属）・虎をしこみ、この猛獣群をひきいて、炎帝と河北省の阪泉《はんせん》の野で会戦した。そして三回にわたる戦闘のすえ、ついに勝利をしめた。

ところが、蚩尤が勝手気ままをして、軒轅の命にしたがわない。そこで軒轅は、さらに諸侯から軍を徴集し、蚩尤と涿鹿の野（河北省）に戦って、ついに蚩尤をとりこにして殺した。

諸侯はみな、軒轅を敬って天子とし、軒轅が神農氏に代った。これが黄帝である。

天下を統一して即位した黄帝は少しも気をゆるめず、山を切りひらき天下くまなく道路の建設に従事し、まったくくつろぐ時もなかった。この行幸道路の完成についで天下を巡幸し、東は東シナ海の沿岸、西は粛州の空桐山から南は揚子江流域にいたり、北しては匈奴《きょうど》民族を追いはらい、涿鹿の丘陵に首府をおいた。

黄帝の人間らしさ

この『史記』の記事を読んでいると、生まれおちたときから神童の名が高く、聡明な大名の子である黄帝は、よくその徳によって大名の人望を博し、時の中国の主権をにぎっていた炎帝に勝って皇帝の位につき、宿敵である豪勇な蚩尤を撃滅して、統一の大業を成就したのである。その生誕からここにいたるまでの経歴と行動はまったく人間的であり、人間の能力をこえた超人的、神秘的な力の持主であったと想像させる点は、どこにも見出せない。

司馬遷は、最高の徳をそなえた人間、つまり聖人にして中国を統一する君主となったものとして、黄帝をえがこうとしたことは明らかである。中国最古ではないが、確実な史料によって知りうるもっとも古い皇帝である黄帝は、漢代の著者司馬遷が、かつての現実の君主として知っている秦の始皇帝や、現在主君として仰ぐ漢の武帝などとあまり差異のない歴史的に実在した人間として、取り扱われているといえるであろう。

しかしさらにそのさきを読んでいくと、首府を奠《さだ》めながら、ここに落着かず、たえず近衛軍を従えて、中国の各地を巡遊し、その軍隊とともに行動して、つねに幕舎に起居していたと書かれている。これはちょっと蒙古の英雄ジンギスカンの日常生活を想いおこさせるものがある。秦の始皇帝や漢の武帝のような進歩した専制君主らしかった黄帝が、ここでは遊牧国家の君主らしい素朴な風貌を見せている。

これにつづけて『史記』はまた、官職名はみな雲で名をつけ、雲師といったと書く。注には、たとえば青雲師・縉《しん》雲師・白雲師・黒雲師・黄雲師などといったという。戦国時代以後に、儒教学者によって、五行説、つまり古代王朝は木・火・土・金・水の五つの徳を代表し、五行の運行順に応じて王朝が交代する、官名もまた五つの徳によってかわらねばならぬという、形而上学的な学説がおこった。黄帝伝説もこのあたりになると、この神秘主義の影響が看取される。

さらにこのあとにつづけて、かくして万国の平和がたもたれ、この平和のなかで、鬼神つまり人間の祖先にたいする祭礼、また山川の神にたいする封禅《ほうぜん》と称する秘密な祭儀なども盛んにとり行なわれたと『史記』はいう。この種の祭礼の流行は、歴史の始めから漢代にいたるまでのうち、黄帝の治世が最高潮であったとされる。この同じような宗教的ふんいきのなかで、ふしぎな霊威をもった祭りの器である青銅の宝鼎《ほうてい》もつくりだされ、暦日を数え、太陽の運行と季節の移り変りがこの鼎のふしぎな力によって予知することができるようになった。

天地つまり自然の秩序、陰と陽と、つまり積極と消極の徳の循環の予測、人間の生死と安危などの運命についての原理によって、穀物・草木を適時に播き、鳥獣や昆虫までも感化し、日月星辰・海波・土石金玉、つまり宇宙・地上・地下・水上の自然現象も帝徳に感応して適時正常に運行した。帝はますます全力をあげて全体のために奉仕し、用水と燃料と資材を節約した。天も帝の政治に感じたとみえて、黄竜が出現した。これこそ五行のなかの土の気をうける瑞兆と見なされ、黄帝という名前を称することになったという。

古代中国の帝王の系図

これらの事蹟の個々をとってみると、儒教の理想とする聖人のしわざとみることができよう が、これらをすべて兼ね備えた黄帝の全知全能ぶりは、まったく優れた人間である聖人を超越し、神の域に達したものといわねばならない。

殷時代には天の至上神のことをふつうには単に帝と呼び、時には上帝と呼んだことは前にちょっと述べておいた。西周末期、すなわち厲《れい》王・宣王のころの青銅器には、

「かるが故に皇帝はかたじけなくも、わが周国ならびに四方《よも》の国に降り来たり助けられた」

といって、天帝を皇帝と称している。中国の学者は「皇」字と「黄」字とは古代では音が近いので流用せられているから、黄帝は天帝を意味する皇帝がなまったものであろうと考えている。

古代中国の諸部族たちは、天の至上神を帝、上帝、皇帝などと称して崇拝していた。いつのころからか、西方に住む部族たちがそれを黄帝と呼び、自部族の祖先として祭祀しはじめたが、これが全国に波及して、全国を統一する史上最初にして最大の帝国の開祖として祭るようになったという解釈がある。黄帝という称号は春秋時代までの銅器には現われないが、

戦国時代の山東の強国斉の威王が前二六〇年に製作した楽器の銘文になると、

「それ謹んで惟《おも》んみるに、われ因斉（威王の名）、なき父君のお蔭にこたえて、高祖《とおきみおや》の黄帝を紹《つ》ぎ纏《つ》ぎたてまつり……」

と書いている。戦国中期以後は、黄帝を中国民族共通の祖先として祭る慣習が、西土のみならず東土にもまた普及してきていたとみなされる。

『史記』はまた黄帝は二十五人の子供を生み、それが子孫繁昌して姫・己・任・荀・姞など十二姓ができたという、また、戦国後期から漢初にかけて整理された、中国の系譜集である『世本』などから、次のような系図ができる。

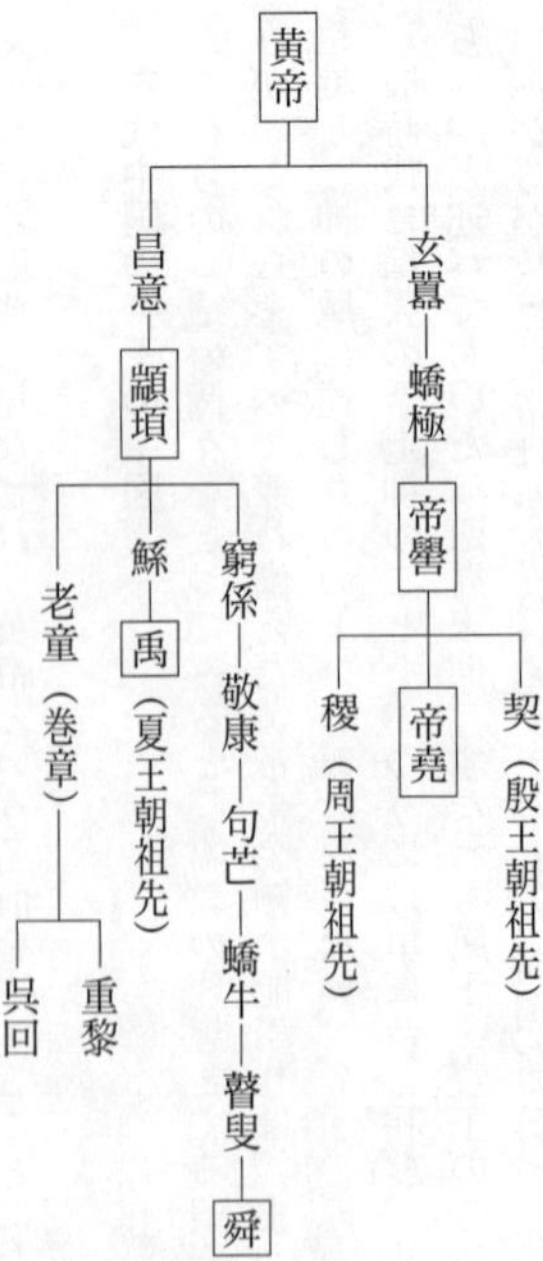

この系図で見ると、顓頊・帝嚳・堯・舜の四帝、夏王朝の始祖禹が黄帝の子孫である。殷王朝の始祖契《せつ》、周王朝の始祖后稷《こうしょく》も帝嚳の末孫であるし、血流である。司馬遷は黄帝をほとんど中国全民族共通の祖先と見なしたわけである。

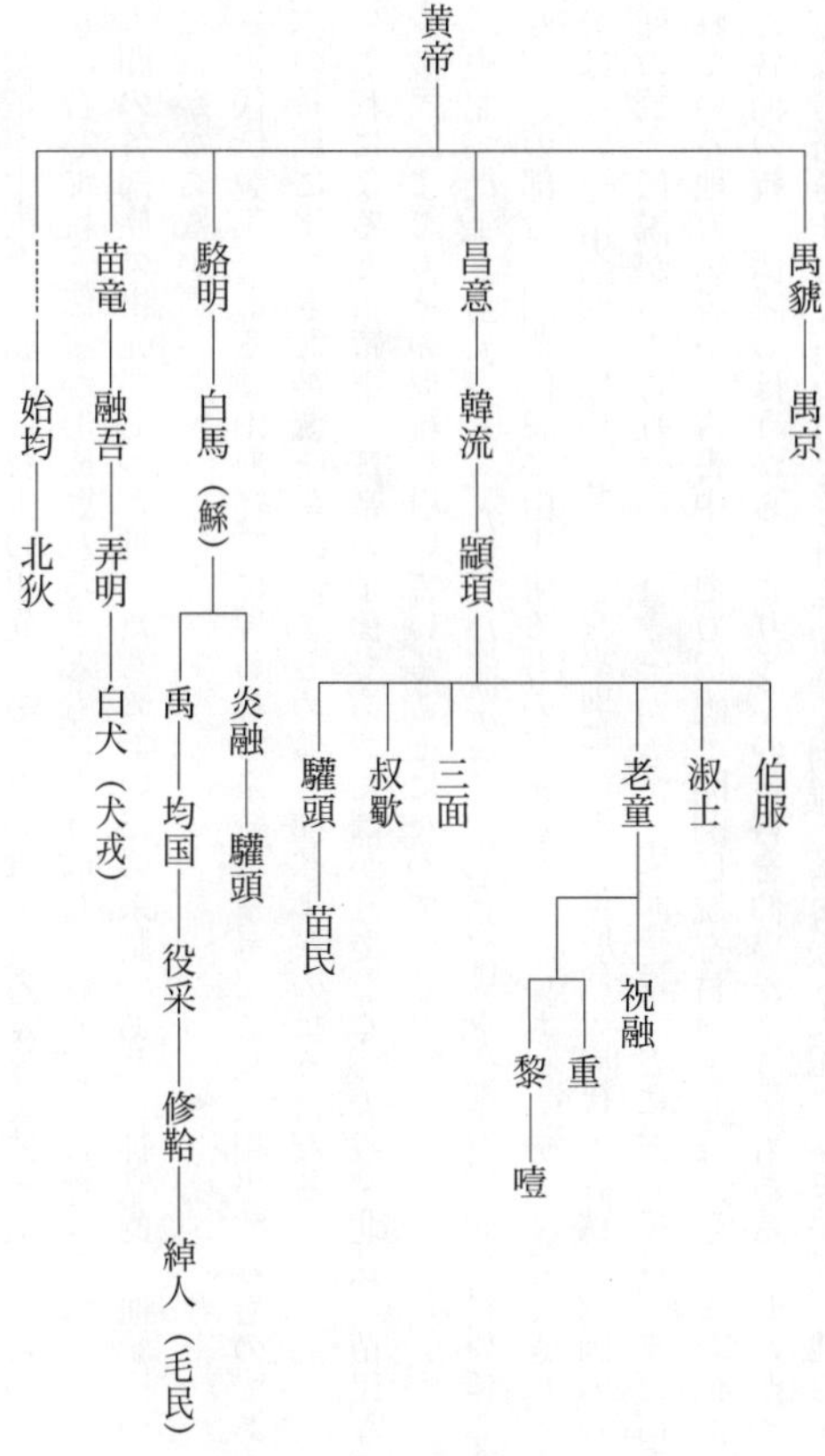

黄帝が中国全民族の血統上の祖先であったのはもちろん歴史的事実ではない。地方的伝説を総合して統一伝説が形成されるとともにそう信じられるようになったにすぎない。それは人間の各部族の祖先であった神々たちのあいだの系譜であり、神話的な血統、つまり神統譜にほかならない。

古代伝説集である『山海経』に現われる系統もまさにこれに相当するものであろう。この本の各篇に出てきた神統を系図にまとめると前ページのようになる。

これによると古帝王が黄帝の子孫であったばかりでなく、犬戎・北狄・苗民などの辺境の少数民族までもその血統を引いていることになっている。

『史記』にまとめあげられた統一伝説のうち、どの部分が地方伝説を材料にしたものであり、どの部分が開闢伝説に由来するものであるかを、いちいち分析することはなかなか容易ではない。『史記』に統一せられる以前に、すでに殷代・周代・春秋・戦国の各時代に、多種の統一伝説がつくられていたはずである。『史記』は一方においては、まだ口頭で伝承されている地方伝説や、古書中の地方伝説・開闢伝説を材料としながら、また他面、出来上った各種の統一伝説のほうから、より多くの材料を仰いだようでもある。したがってその具体的な分析を正しく行なうことはたいへん困難である。『史記』において、地方伝説であっても、開闢伝説的な原形を示しているものは、それが統一伝説のなかにどのようにして組みこまれていったかという来歴には立ち入らないで、本来の開闢伝説として、私は分析することにする。それは叙述の複雑になるのをさけるための、一種の簡便法として了承されたい。

第三章　風の神の発見

甲骨文字からの発見

日中戦争が始まる前年の一九三六年のことである。江西省出身で上海の銀行家であった劉体智〔一八七九―一九六二年〕という財産家が、金にあかして買い集めた骨董品の図集の出版を思いたった。世界に名がとどろきわたったこの青銅器のコレクションの図録の編纂はどんどん進行して、自分の雅号、善斎の名をとって『善斎吉金録』として出版された。

これと並んで行なわれた、二万点にのぼる殷墟出土の甲骨文字の図録の編集には、日本の千葉県下の市川町〔現・市川市〕に亡命していた郭沫若〔一八九二―一九七八年〕氏に白羽の矢を立てたのであろう、大部の拓本がその手もとに送られてきた。俊敏な郭氏は手廻しよく、そのなかの偽物を淘汰し、史料的価値の高く、まだ公刊されたことのない優品千五百九十五点だけを選び出し、釈文に郭氏一流の創見にみちた解をつけて、東京本郷の文求堂から『殷契粋篇』と名をつけて一九三七年に出版した。

どんな学者でもときには見落しや、思いちがいがあるものである。そしてそれは大学者の名声をそんなにきずつけるものではない。そのとき郭沫若が偽物かと疑ってすてさったもののなかに、じつはとんでもない貴重な資料がはいっていた。これに目をつけたのは、当時国

胡厚宣の見出した甲骨

府の中央研究院の助手をつとめていた胡厚宣（一九一一―九五年）という青年学者であった。

　胡君がとりあげたのは、たて二四センチ、幅一五センチの、頂点の欠けた三角形をした牛の肩胛骨の破片である。表面には四行、毎行七字で、若干の欠字があるが、もとは合計二十八字が彫ってあったはずである。胡君にしたがうと、

　東方を析という、風を劦《きょう》という
南方を夾という、風を屼《こつ》という

西方をという、風を彝《い》という
北方を（欠字）という、風を陖という

となる。その字をよく見ると、彫り具合もしっかりとしている。かなり大きな字で、しかも書風はなかなか元気がいい。われわれ甲骨学者は甲骨文字の書風を五期に区別しているが、そのうち第一期、すなわち武丁王時代の書は大字《だいじ》が多く、遒勁《しゅうけい》で力強く、また正整、つまり字画がきっちりとしているのが特色である。この書風によく一致している。

まだ現在の漢字にあてはめることができない字が三字ほど残っているが、ほかは読み下せる。全体が何をいっているのかはよくわかりかね、神秘的な呪文のように見えるが、とにかく読み下せるから、世上に多い骨董屋が専門の彫刻師に後からほりこませた偽彫りではなさそうだ。かりに偽刻であっても、安陽から発掘した真物《ほんもの》の甲骨文字の文章をそのまま模刻したものにちがいない。この意味をとく手がかりがないものかと胡氏は考えていた。

一九三七年十二月の南京陥落直前、中央研究院の学者たちは十五回の殷墟発掘の結果、出土した膨大な資料のおもなものを、大急ぎで数百個のトランクにつめて奥地へと疎開した。彼らはこの大荷物を、あるときはジャンクにのせ、あるときは人夫の肩にかつがせて、研究院の避難先である長沙にひとまず落ちついた。ちょっと息をつくのもつかの間で、また追われて四川省の重慶の郊外にのがれ、そこでやっと定住することができた。日本軍の激しい爆撃が一しきりやむと、学者たちは、虎の子のように大切に持ちはこんできた二万余片の甲骨の荷をといて、ぼつぼつ整理にとりかかった。

胡君が第十三回発掘の無数のこわれた亀の甲をつぎ合わせ、文字を拓本にとって整理しているうちに、思いもかけない文章を見つけた。この仕事は、今は中国にいる胡君のあとをうけて、台湾の若い学者厳一萍《げんいっぺい》君によって若干の新しい断片がつけ加えられ、いっそう完全になった。便宜上、次にこの最後に完成した整理の成果にしたがって引用することにする。

八つの破片をつぎ合わせて復原した亀の腹のほうの甲らの上には、武丁の治世のある年の一月の辛亥《かのとい》の日に、内という名の卜師が武王の命令をうけて、この亀甲をやいて四方に年の豊作の祈願祭をとり行なうことの吉凶を卜った記録がしるされている。それは、

東方に禘《かみまつり》して析といい、風を劦《きょう》といい、年《みのり》を求《ねが》いたてまつることのよしあしをとう。

南方に禘して、㞢といい、風は夷《い》なり、年を求いたてまつることのよしあしをとう。一月のことなり。

西方に禘して、彝といい、風を韦といい、年を求いたてまつることのよしあしをとう。

北方に禘して……阝殳(?)といい、[年を] 求いたてまつることのよしあしをとう。

と書かれている。この新しく発見した史料によると、年の初めの一月に殷の王様は東・西・南・北の析・㞢・彝・阝殳などの神にそれぞれ禘《てい》という祭りを行なって、その年の豊作を祈願しているのである。劉氏のもっていた骨では、「東方には析という」などと書いてあるだけで、くわしい意味がよくわからなかったのが、四方の神の名前をあげたものであることが、これではっきりした。

東西南北の風神

年の始めに穀物の豊作を天上の帝に祈るに際して、四方に祭りし、四方の風に対して天帝とほとんど同格の神のように呼びかけているのである。殷王朝の卜師の卜いの文句だけを見ていては、なぜこんな祭りを行なったのか、その理由が明らかでない。第一章に『山海経』という正体のわからない、神秘につつまれた本のことを述べておいたが、これを読んでみると、卜辞でわからなかった儀式の意味が説明できる箇所が見つかった。

「中国をとりまく四海のまたその外の大荒《だいさばく》のなかに鞠陵《きくりょう》と申す山がございます。ここは天の東方の極点にあたります。ここは太陽と月が昇る場所でもあります。ここに折丹と申す神人《せんにん》が居りまして、その名をつづめてまた単に折とも申します。またここから吹き出してくる風を俊と呼びます。この神人の奴めがこれなる東極で風を吹かせたり、納めたり、加減をしておるのでございます」（大荒東経）

と書いてある。東極にいて、風穴から風を自由に出入りさせている神人の名の「折」と、卜辞の「析」とは、手へんと木へんとがちがうだけである。『山海経』を伝写しているうちに木へんを手へんに書きちがえたにちがいない。これによって殷王朝では、東極の神の風師でもある析にたいして、祈年の祭りを行なったことがわかってきた。

また、

「南の海のなぎさに一人の神が住んでおります。この名を因と申します。この因の神が南方で大声で呼んでおりますので、またの名を因乎《いんこ》とも申します。風は夸《こ》またの名を乎民《こみん》とも申しますが、この神が南極にあって、この風を出入りさせているのでございます」（大荒南経）とも述べている。南方の神の因というのは、新発見の卜辞の風の名である夷にnの音がついただけである。前に引いた劉氏所蔵の骨の南方の神を胡君が夾と読んだのは、夷の異字体をまちがえたのであろうと、厳君は指摘している。そうすると『山海経』の所伝と、卜辞の内容とが一致していることになる。

さらに『山海経』には西北の海のその外の大荒《さばく》に、

「石夷と呼ぶ人が住んでいます。そこからくる風を韋と申します。この石夷の奴は西北の隅におりながら、太陽と月の運行を支配し、一と月、一日の長短を調節しているのでございます。同じ場所に五色の羽毛に、冠り毛をいただいた鳥がおります。その名を狂鳥と申します」（大荒西経）

といっている。卜辞に出てくるという風の名は、またこれに韋へんをつけて書いたのもあるから、西方についての記事も両方に共通点が見られる。

最後に『山海経』には、北方について、

「東北の海のはてに女和月母と申す国がございます。そこには鳧《えん》と申す神人が住んでいます。北方のことを鳧とも申すのは、その名をとったのでございます。ここから来る風をまた𤞣《えん》と申します。この神人めも東極の隅におりまして、太陽と月の運行にブレーキをかけ、同時に出没して混雑を来たさぬようにし、かつ、一と月、一日の長短をも加減する役目をつとめておるのでございます」（大荒東経）

ともいっている。北方については卜辞の記事が両方とも欠けているので、『山海経』と詳細に比較することができないのは、まことに残念であるが、この神人の名も風の名も発音は同じであり、北方の幽州・幽都などの幽の発音が訛ったのではないかと想像される。太陽は毎朝東極から出て、西極まで天上を一周し、夜間に地下を通ってまた東極から昇る。月はこの反対の運行のしかたをとる、と信じられている。神人は、夜間地下における太陽の運行と、月の夜の天上の運行とを調節するのが役であったのではないか。北方は地下を象徴すると見られたのであろう。この神人の棲息する女和月母と呼ばれる国名について、同書は、

「東南の海の外、甘水との間に、羲和《ぎわ》の国がございます。そこに羲和と申す娘がおりまして、太陽を甘水の淵で沐浴させる面倒をみています。じつはこの娘が俊の帝《みかど》の妻となり、甲乙丙丁戊己庚辛壬癸のそれぞれの日に交代で運行すべき十個の太陽を生んだのでありました」（大荒南経）

といっている。太陽を生んだ母にして、女なる羲和にあたる女和の二字を国名にとったのである。

また別の西方の記事のなかでは、

「大荒《さばく》の中に山があり、日月山と申します。天の枢《とぼそ》であります。……ここにまた娘がいまして、月を沐浴させる役にあたっています。じつは俊の帝がこの常羲と申します娘をめとり、十二の月を生んだので、この生まれた月を水浴びさせたのでございます」（大荒西経）

といっている。同じく帝俊の妻で十二個の月の母となった常羲すなわち女羲に月母の二字を

くっつけて、女和月母という四字の国名を考えだしたのである。羲と和はいつも並べてつかわれ、流用されるのである。太陽・太陰について古代から口頭で伝わってきた伝承を、山海の地誌の形にまとめ上げるときに、無理に国名・山名を創作する必要があって、日月山とならんで女和月母国などという、ゆきあたりばったりにつくりあげた見えすいた地名ができたのである。この国と山の命名はたぶん漢代か、それ以後に下るかもしれないが、十太陽・十二太陰の出産の物語りは古代の伝承にもとづくものであった。

風雨の支配者としての上帝

胡君らは新しく見出した殷の卜辞の四方・四風に年《みのり》を祈る記事と連関する文献として『尚書』の「堯典」の本文をとりあげた。『書経』の巻を開くと、まっさきが、時代の古い順に「虞《ぐ》王朝の書《ふみ》」の第一篇の「堯《ぎょう》のみかどの典《ふるぶみ》」で、その第一葉には、

「つつしんでここに古の堯の帝《みかど》のみわざをかんがえたてまつるに、またのおん名を放《いたれる》勲《いさおし》と申します」

とあって、その聖徳の教化は天地四方にみち、同親族から、百臣、万国の国民にまで及んで、和気にみちあふれたという頌徳《しょうとく》の序詞がある。これについで具体的な治績に及んで、まず帝が、

「羲和らに命《みことのり》して、欽《つつし》んで昊天《あまつみそら》のうごきにしたがい、日《たいよう》・月・星の辰《かさなり》を指おり数《ごせい》えてこれにのっとり、敬《うやうや》しく国民に時《こよみ》を授けよとのたもう。

まず羲仲に分ち命じて、東のはてなる嵎夷《ぐうい》に宅《お》らしむ。またの名は暘谷《ようこく》とぞ申す。寅《つつし》みて春の日出《あさとで》にしたがい、東方の耕作を秩《ととの》えしむ。日《ひるよる》の長さのひとしく、鳥星の見ゆるときをもって仲春の節を正さしむ。その民は析《わか》れ、鳥獣は交尾し、はらむ。

申《かさ》ねて羲叔に命じて、南交に宅らしむ。南方の化育を秩え、敬《つつし》みてその成果とてがらを報ぜよと。昼は長く火星の見ゆるときをもって仲夏の節を正さしむ。その民は因《よ》り、鳥獣は羽毛が革《けがわり》する。

申ねて和仲に命じて西に居らしむ。ここを昧谷《まいこく》という。寅みて入日をおくり、西成《あき》の刑罰の季節にしたがって政治を行なう。虚星の南中するときを狙い、仲秋の季節の整理を行なう。民は、鳥獣夷《たいらか》に協力し、その毛が深くなるのに適応すべきである。

申ねて和叔に命じて朔方《さくほう》（北方）に居らしむ。その地はまた幽都とよぶ。はじめて政令を改め、物の貯えを重んずる。日は短く、星は昴、よって仲冬の季節を正さしむ。その民は奥におり、鳥獣は細いにこ毛となる」

東方に派遣した羲仲への詔りの「その民は析《わか》れ」、南方につかわされた羲叔への「その民は因《よ》り」、西方に出使した和仲への「その民は夷《たいらか》に」などの「析」「因」「夷」は前出のト辞、『山海経』の四方の方神または風名と、方位までふしぎに一致することは決して暗合ではなく、『書』のこの記事が、殷王朝からの伝承にもとづくところがあることを示している。

『書』の注釈家には、「その民は析れ」というのは、東方の人民が、老年者は村中に、壮年者は耕田に分居することをさすと解するものがある。同じ筆法で「その民は因る」は、老弱が耕田にいる壮年者の宿舎について、その手助けをすることにとるという調子で「堯典」を説明するわけである。が、卜辞・『山海経』などでは、これらは動詞ではなく、祈年祭における四方の方神名または風名であったのだから、右の説明は、そのもとの意味からどんなに遠ざかっていることであろう。これは実に「文を望んで義を生じる」、つまりこじつけの最たるものであろう。

この主人公である羲和が、あるときは羲と和になったり、また羲仲・羲叔・和仲・和叔と四人に分化したりするのも不自然であるが、さらに不自然なのは、この四人が四方へ派遣される時期を春・夏・秋・冬の四季に配当していることである。新年の同日に行なわれる四方・四風に対する祈念祭として述べている卜辞が、この儀式の原初の形を表わしていることはいうまでもない。

殷代の人々は、天帝は降雨を支配する力をもつとかたく信じていた。年の豊作の吉凶を卜うときには、これと関連して「天にましますわれらが帝は、今年は雨を充分に降らしたもうか」という卜いを行なう例が少なくなく、雨乞いの行事がしばしば行なわれていた。農作物にとっては適時適量の降雨が求められるとともに、反面、度をこせば水害をまねくので、雨の晴れ上がることを卜った例も少なくない。とくに殷王が狩猟や巡視のため行幸する場合は、降雨とくに大雨は禁物であるので、この有無を卜ったものがかなりたびたび見られる。

殷代の卜辞に現われたところでは、がんらい上帝は風雨を支配する雨帝ともいうべき性格をもっていたのが、しだいにいろいろの職能を兼ね、戦争の勝敗、都市の建設なども主宰するようになったらしい。ギリシャの至上神となったゼウスが、雷を支配する雨帝であったといわれるのと似ている。ところが、中国の雨帝である殷代の帝も、雨とならんで風を支配する属性を顕著に保有している。

新発見の卜辞は、殷代の一月の祈年祭で、王室の祖宗神をいっしょに上帝に配して、その配下にある析・因・夷などの四方の神人にそれぞれの方角の風を適時に吹くように調節されんことを願ったものである。これまで上帝の雨の主宰神としての属性だけに注意して、風の主宰神としての性格が忘れられてきたのであるが、この側面からもう一度帝を見直すべき時期が今や到来したのである。

宇宙の構造と八つの風門

漢代まで残っていた中国古代の国家祭祀・民間信仰に関する文献と伝承とを集大成した『淮南子《えなんじ》』のなかには、上帝の風を調節するはたらき、これをつかさどる神である風伯などについて、相当に豊富な知識が含まれている。『淮南子』の「天文訓」と「墬形訓《ちけいくん》」という二篇は、中国古代の天地開闢論と宇宙論とを綜合した珍しく体系的な著述である。われわれの住む大地を地文・人文地理学的に記述している「墬形訓」のほうをひろげてみよう。

中国人の居住空間、ギリシャ人のいわゆるエクメニーである九州は、それぞれ方千里の州の集まりであった。九州の外には八殯《いん》というものがある。殯は遠いことだというが、その意味はよくわからない。これもそれぞれ方千里、東北方の殯には大沢があるというように、おのおのの殥には大沼沢が必ず横たわり、この八沢から蒸発する気が雨となって九州に降るのだと理解されている。

八殥の外方には八紘《こう》がある。紘とは冠《かんむ》りの耳の脇についている紐で、あごの下にまわして結んだ端をゆったりと垂らす。天を冠りにたとえて、そこからだらりと垂れた紐の端にあたる土地、それを八紘といったものらしい。「八紘を宇《いえ》とする」という思想が、大東亜建設の標語として大いに宣伝されたので、この言葉を記憶しているひともあるだろう。本質的には中華精神に起原する異国の宇宙論の用語を採用し、皇国の指導理念として怪しまなかったところに、かつての日本の大東亜の大理想のお粗末さがあったのであろうか。それはそれとして、紘もまたおのおの方千里の地域であった。

八紘の外が大地のはてであってこれを八極といって、そこの山には門が建てられている。門といってもこの塵境を絶した場所にあるのだから、もちろん人間の通るためではなく、風が吹き雲が抜けるために設けられたものである。この風の門はどんな大規模なものであろうか、私などにはぜんぜん想像もつかない。これを何気なく書きしるしているあたりは、さすが中国人の空想力は大陸的で茫洋《ぼうよう》として、限界が知れないものがある。

東北方は方土の山に蒼門《そうもん》があった。そこを抜ける風は炎風、またの名は融風ともいう。東方の東極山に開明門があり、風は条風、また明庶風という。この条風の条は卜辞の東方の風の劦《きょう》と音が似ているから、その訛音であるかもしれない。『山海経』によると、黄帝の地上楽園の所在する崑崙《こんろん》山上に、開明という怪物が立って東方を睥睨していた。身体は虎であるが、頭は九つ、みな人間の顔をしていたというから、東寺や高野山などの密教の怪異な像を思い浮かべたらよいであろう。そのすさまじい剣幕に、周囲に住むさすがの猛獣たちも恐れをなして、近づくものがなかったといわれる。開明門という名は、太陽がここから昇る門だからそう名をつけたともいわれるが、私にはむしろ恐ろしげな赤鬼・青鬼が門番をしている門のほうが目の前に浮かんでくる。

東南方は波母の山に陽門、風は景風また清明風である。南方は南極の山に暑門、風は巨風、また愷風《がいふう》である。西南方は編駒の山に白門、風は涼風、西方は西極の山に閶闔《しょうこう》の門、その風は普通に飂風《りくふう》にあてられるが、これは一つの伝承である。じつは西北の麗風の一名を閶闔風というが、これが西北の門を通る風であるためそう名づけられたにちがいない。西北は不周の山に幽都の門、風は今の麗風といっているのも誤伝である。「天文訓」で不周風になっているのが正しい。つまり、西方の閶闔の門名と風名、西北方の不周の山名と風名とが一致しているのである。この西・西北の風名の特殊性が何かと、気がかりになった私は、風を支配する風伯の神の本拠はたぶん西方・西北方にあったので、その神の住む山岳、または門の名をとったのではないかと考えついた。神はたいてい高い山岳に降臨し、その山麓に社が建てられ、巫師《ふし》がいるというのが、日本や、『山海経』に説く中国の古代宗教の例でもあった。

この八極からわき上がった雲が、固有の九州ではなく、その外にある天下つまり全世界に雨を降らせ、八門から吹きまくる風がまた全世界の寒暑つまり気候を規定していると、『淮南子』の著者は考えている。日本でも雪起こしの風、雨もよいの風というように、季節ごとに一定の方向の風が雨とともに気候を変化させる原動力となっているのは、季節風地帯の通例でもあった。

「天文訓」のほうには、冬至から四十五日たつと条風がおこり、また四十五日して明庶風がくるという調子で、以下清明風・景風・涼風・閶闔風・不周風・広莫風《こうばくふう》（北方の寒風の異名）の順序に、季節ごとに交代するのが正常な気候であって、国家の政治もこれに応じて、条風が吹きはじめると、拘留されている軽犯罪人つまり稽留を放免し、清明風がくると、幣帛を出して、諸侯に使者を立てるという具合に転換させてゆかねばならぬと定められている。

「墬形訓」はまた条風をつかさどる天神を諸稽摂提《しょけいせってい》というにはじまって、明庶風に通視、清明風に赤奮若《せきふんじゃく》、景風に共工、涼風に諸比、閶闔風に皐稽《こうけい》、不周風に隅強、広莫風に窮奇といった、所管する神の名をあげている。そのなかには共工のように祝融神の子で后土の父であり、地神として有名な神もふくまれている。一方には摂提・赤奮若のように十二支の異名に関係する神名もあって、後世に無理にこじつけてつくったかと疑われるものもある。しかし全体として見るならば、古代の風伯信仰から系統をひくものとして珍重すべき伝承が残されているのである。

霊鳥鳳の任務

殷代の卜辞には、

「今日辛未《かのとひつじ》の日、大風あり、𡆥《わざわい》なからんか」

というものがあるように、大風が風害をもたらすことに、いつも脅威をいだいていた。とくに華北大平原の一角に居住する人民たちにとって西や西北からの風はおそろしいものであった。西北方のゴビ砂漠つまり広漠を渡ってくる西北風を広莫風、または西方の不周山から吹き下してくる風、それはまたその附近に置かれている崑崙の懸圃《けんぽ》というところから天上に通ずる天門の閶闔つまり扉を通ってくるので、その名をとって閶闔風とも呼ばれるが、これらはゴビまたタクラマカン砂漠にたつまきを起こし、細かい塵を運んでくる。春先は天日を暗くするほどで、一面に華北方面に塵を降らせ、大災害を及ぼす。中国人民は今もこれを霾《つちあめ》と呼んで畏怖している。この西北風を止めるために、殷王朝は女巫をして寧風という防風のための特殊の祭儀を行なわせた。

殷代の甲骨文字では「風」字自体は全然用いられないで、鳳つまりの字を借りている。鳳は「風」字として借用せられる以外に、本来の鳳の字としてもつかわれる場合もある。たとえば、

「帝の史（つまり天帝の使いである）鳳に二犬を犠牲としてささげようか」

というトいの文章のようなのが一例である。鳳は甲骨文字でも冠りをいただき、美々しく羽根をひろげた、まるで孔雀でも見るような形にかかれている。古い辞書である『説文』には、前から見ると鹿、後ろから見ると牝麒麟のようだと、そのすらりとした身体つきを鹿の

類にたとえている。頸は蛇のごとく長く、尾は魚のごとくすらりとし、竜のような体紋、亀の甲のような背中、燕のおとがい、鶏のくちばし、五色の羽と形容しているごとく、中国人が空想で構成した霊鳥であった。鳳は音が鵬と通じるから、『荘子』の、北冥《ほっかい》から羽ばたいて一飛びで南冥《なんかい》まで数千里をゆく大鵬も、理想鳥である鳳を一面的に巨大化した姿であった。

『説文』はまた『淮南子』の記述などを踏まえて、鳳が朝早く東方の不死の君子国から飛びたち、四海の外を悠々と旋回し、西域のはてである崑崙山下の楽園をすぎ、砥柱《しちゅう》の険で黄河の水をがぶ呑みし、弱水に浴して羽根を潔め、その夜、風穴で宿るといった一日の大行程を記している。

風穴は風の出る穴だという注釈がある。前にちょっとふれたように北風または西北風が、黄塵の風害をもたらす蒙古風、古代では広莫風または閶闔風としてこわがられていた。風穴の地理的位置は明示されていないが、恐らくその場所は西北の砂漠中にあると想像されていたのであろう。鳳が風穴に宿ったことは、風を支配するのが鳳の本務であり、風穴が鳳の持場であったという、古代の伝説の記憶をとどめているのではなかろうか。

柳田國男先生の「風位考」〔一九三五年。『柳田國男全集』第二二巻、筑摩書房、二〇一〇年〕によると、西北風——ときに東南風などをまちがって呼ぶこともあるが——をアナジ、ときにアナゼと呼ぶ方言が全国的に分布している。大和の纏向《まきむく》の穴師山の穴師に関係がある。もと風の神を祭った山であったらしい。アナは昔から驚きの音であったから、これを喜ぶ風と解することはむつかしく、予想せぬ風であったから、常に不安を抱いて神に祈ることになったのだ。大和の穴師山の地形は、ここが風神の本拠であった理由を想像させる。まっすぐに通った渓《たに》の突きあたり、二列の連丘とちょうど直角に秀でた大きな山で、この山に吹きあたるいろいろの風が方向を転じて河筋にそうて吹きおろすので、大和国原の風源と信ずるに至ったのは理由があったと説かれている。中国の風穴はいわば大和の国の穴師山のようなものだと想像すればよいであろう。『山海経』に旄山《ぼうざん》の南に育遺《いくい》という谷があり、凱風がここから出るといっているのはそれにあたる。

殷代卜辞に上帝の使者として現われる鳳は、上帝から命じられて風伯として奉仕していたと信じられていたのである。鳳は、巫術によって風とくに西北風を吹きやませ、その恐るべき害を防止することを任務としていた巫女群を象徴化した神であったと解釈される。

強敵蚩尤への対策

風を自由に吹かせたり、止めたりする能力をもった巫女は、中国の古典のなかでは、風伯と呼ばれ、雨師と一対《つい》となって現われる。風伯と雨師が思う存分にその霊力をふるって、雨と風とを駆使したのは、黄帝とそのライバルであった蚩尤《しゆう》との涿鹿《たくろく》の野における死闘の物語りにおいてである。

蚩尤は八十一人、またある伝説によると七十二人の兄弟の一人で、みな獣の身体で人の言葉を解するという半獣半人の怪物団の一人であった。秦漢以後の伝説によると、彼の両鬢《びん》は逆立ち、剣の切先のように鋭く、頭のまん中には角が生えていた。これで頭突きをかませるのが彼の得意の技であったが、角力では誰も相手になるものがなかったという。涿鹿の戦闘のときも、黄帝に対して、

「打物は面倒だ。一ちょう行こうか」

といって、角力を申し込んだ。黄帝がこれを受けて立ったかどうか、伝説は何も語っていない。おそらく何とか口実をもうけていなしたのでもあろうか。彼の得意の頭突きの技はついに不発に終ったらしい。

この大家族の生活ぶり、ことにその食生活は一風変っていた。世の常の人の食べるような穀物・野菜・魚肉はいっさい何も食べないで、ただ砂と石、ある説によると鉄石をくっていたという。いったいどんな歯と胃腸とをもった鉄人、いや鉄獣であったのだろうか。どんな事実をもとにして、こんな荒唐無稽な伝説を語ったのであろうか。中国の古代の系譜集である『世本』のなかには「蚩尤が兵つまり武器を創造した」と書いてある。盛んに新鋭の武器を製造し、その武力によって中国を制覇したともいわれる。たぶんこの砂を食物にしたという伝説は、彼らの部族が砂鉄を材料とし、これを精錬して兵器を鍛造するのを職業にしていたことを擬人化したのであろう。

このように七つ道具をせおって、身の毛のよだつような恐ろしい形相をした怪物の蚩尤は、中国の民衆の頭に強い印象をあたえずにはおかなかった。黄帝が蚩尤を退治した後日譚になるが、また何かの動機で天下に大乱がおっ始まった。黄帝は一計を案じて、蚩尤の形象《すがた》

を掛物にえがいて津々浦々まで頒布させた。民衆たちはたがいにこそこそとささやきあった。

「黄帝さまに退治されたという噂に安心していたら、どうやら蚩尤の奴はまだ生きてるらしいぞ。こいつは油断ができない」

と、こそこそと刀をおさめて、叛乱がおさまったという話である。

秦漢のころには、物凄い形相をした蚩尤の肖像画が、五月の節句にかける鍾馗《しょうき》の掛物のように民間に普及していた。蚩尤は鬼を退治した鍾馗と同様、悪魔をはらう守護神と観念されていたのであろう。彼はかつて暴力をふるって民衆をふるえあがらせたのであるが、その威力は守護神として頼られるにはもってこいであった。蚩尤の武勇談はこの祥瑞画にともなって古代の民衆のあいだに広く語られていた。そしてこれから私が述べる話も、直接間接に古代の口頭伝承に源泉を仰いでいるのである。

横暴目にあまるものがあるので、さすがの黄帝もついには大軍をおこして征伐に出かけることになった。蚩尤は大いに法術を発揮して大霧《スモッグ》をおろしたので黄帝の大軍は迷子になってしまった。

黄帝のこれへの対策については二説がある。黄帝は指南車という機械をつかって、窮地に陥っていた大軍を収拾したというのが第一説である。指南車とは恐らく磁石の原理を応用して、車上の人形の指と磁石とを連動して、いつも南をさすようにした装置であろう。けれどもこれは古代の科学技術の水準ではとうてい不可能であろう。

第二説は困りはてた黄帝が天を仰いで嘆くと、天帝は玄女をつかわして神のお札を下された。黄帝はこのお札をいただいて、蚩尤を折伏《しゃくぶく》したのだという。この伝説は道教の俗信によってあまりにもゆがめられすぎているようである。

旱りの神魃と田の神叔均

これらに比較すると、古代の伝承の原形に近いのは『山海経』に載録されている伝説である。少しく解説を交えて引用しよう。

「蚩尤が新兵器を製造して黄帝に攻撃をかけてまいりました。黄帝は応竜というものに命じて、冀州《きしゅう》の野で蚩尤の軍に対し反撃に出させました。応竜は竜という字がついている点から、がんらい水神であったと考えられます。これが冀州の野に大きな貯水池をつくったと申します。蚩尤の勇力に恐れをなし、正面から野戦を挑むのは不利と思ってか、水攻めの策を用いたのでございましょう。こなた蚩尤もさるもの、風の神である風伯、雨の神である雨師を請じて、強風・豪雨をおこさせたので、さすがの黄帝の大軍もまったく立ち往生のやむなきに至りました。かたや黄帝もちっとも騒がず、天帝御寵愛の魃《はつ》という天女の降下を願い出ました。この神はのちに大荒中《だいさばく》の係昆の山を住み家として、いつもブルーの衣裳をきこんで、「黄帝お仕えの女魃」と名のることになったのでした。

さて魃という字は、祓と同音です。祓は穢れをはらうことですが、雨の災害を祓い、したがって旱《ひで》りをもたらす悪魔ともなっています。ともかく、降雨を止めるふしぎな能力をそなえた巫女《みこ》であったのでしょう。天女がまじないを行なうと、風雨はぴたりと止まり、雨はたちまち晴れ上がりましたので、黄帝は勇んで大軍を進めて、蚩尤を退治することができました。まことにめでたい次第ではありませんか」(大荒北経)

と、黄帝の悪者蚩尤退治の物語りはここで一段落だが、『山海経』はこれにつづけて、

「ところが可哀そうなのは、天女の魃でございます。地上に降り立った天女は、一度地上に降りたが最後、なかなか天上に帰れないのが天女の宿命でございましょう。どうしても天上にもどれないのは本人だけの不幸ですが、困ったことには天女が行く先ざき、どこでも雨がちっとも降らず、大旱りになることであります。見るに見かねた叔均という臣下が黄帝さまに申し出まして、赤水の北にあたる遠い地方に置くことにしました。かくして叔均は旱りをなくしたてがらで、田祖つまり田の神の役につくことになりました。

叔均が行きますと、天女は畏れて逃げてしまいます。天女を追っぱらって、旱りを止めたいと思うひとは、まじないに、たとえば北方の人であるとしますと、

「田の神さまが北にお成りじゃ。まっ先に河筋をほり、溝の水はけをよくしろ」

というたそうでございます」

と語っている。

この伝説では、黄帝と蚩尤との戦闘は引合いに出されただけで、その主題ではない。田の神である叔均を呼び下して、旱りをとめる雨乞い行事の由来を述べるのがその本題であった。中国の神話伝説の研究家である楊寛〔一九一四―二〇〇五年〕というひとの説による

と、田の神である叔均はじつは股民族の祖先である商均をなまったものだというから、その本名は何であってもよいが、ともかく田の神を勧進して、旱りをとどめる祭儀を説明する伝説であったのである。

そしてこの求雨の儀礼を、魃という旱りをおこす悪魔である神女が放逐されておしこめられている大砂漠中の係昆の山という山岳の地方伝説としてとりあげ、これを記述したのが『山海経』であった。つまり山の麓にすみ、この山神をお守りし、その神の託宣をかたる巫女の群の物語りをとりあげて、地誌として記述したものである。

折口博士は、「国文学の発生」を論じられた第一稿〔一九二四年。『折口信夫全集』第一巻、中央公論社、一九九五年〕において、日本の口頭伝承のもっとも原始的な形態は叙事詩であり、その形式は一人称の描写であった、とされる。

「一人称式に発想する叙事詩は、神の独り言である。神、人に憑《かか》って、自身の来歴を述べ、種族の歴史・土地の由緒などを陳《の》べる。皆、巫覡《ふげき》の恍惚時の空想には過ぎない。併《しか》し、種族の意向の上に立っての空想である」

といわれ、かかる一人称の神語の形で、巫がかたった言葉に由来する伝説にたいして、本縁伝説という独自なじつに深い意義をもった名称をつけられた。神語については、後にさらに問題とするつもりであるから、ここでは、この女魃についての説話は、係昆山下の部落の巫女の伝える、部族の本縁伝説であったことを指摘しておきたい。内藤湖南先生の分類では地方伝説にぞくすると見てよかろう。

神話の共通性

旱りをおこす神女の地方伝説を総合した、黄帝と蚩尤の戦闘の統一伝説の本来の意味は、これだけを眺めていたのではよくわからないふしもある。目を、少し他の古代文明国の伝説に向けてみよう。

かつては古代神話といえば、ギリシャ、ローマがおもで、それにインドが少し参考にされるぐらいであった。最近は古代オリエントの研究が進むにつれて、しだいにこの方面の古代神話が明らかになった。英国の大民俗学者ジェームズ・フレーザーの『金枝篇』（一八九〇―一九三六年。石塚正英監修・神成利男訳、国書刊行会、二〇〇四年―）の影響をうけて、季節祭の行事を中心にした、セオドル・ガスター（一九〇六―九二年）の研究『テスピス――古代近東の儀式と神話と劇』（一九五〇年）は、最近増訂版がペーパーバックの形で出版されて、手に入りやすくなった。同著者の入門書である『世界最古の物語』（一九五二年）の邦訳（矢島文夫訳、平凡社〔東洋文庫〕、二〇一七年）やフェリックス・ギラン（一八七九―一九四五年）編集の『一般神話学』（一九三五年）の「オリエントの神話」も分冊の形で出ている。資料集としては（ジェームズ・B・）プリチャード（一九〇九―九七年）編の『古代東方――文書と図版資料集成』（一九五〇年）のような英文訳を通じても容易に原典をうかがうことが可能になってきたので、手はじめにオリエントの伝説を参照してみよう。あらかじめ断っておくが、これは中国よりは古い文献をもつメソポタミア、エジプトなどの諸国の伝説が、中国の神話・伝説に影響したという仮定にもとづいた研究ではないことである。古代オリエント諸国の伝説のうちに、古代中国の伝説にひじょうによく似ているものがあったとしても、それからただちに神話・伝説の直接のあるいは間接の伝播として説明しようとするわけではない。近似したテーマ、同種の伝説は、それを生み出すべき類似の宗教的儀礼の、背後における存在を想定させるというより以上のことを、主張するものでないのである。

メソポタミアの文明における戦闘の物語りとしてもっとも有名なのはマルドゥク伝説である。ガスターの啓蒙書に「神々の戦争」という一章になっているから、詳細を知りたいひとは同書を参考されたい。またプリチャードの本ならアッカディアの『神話と叙事詩』中の「天地開闢叙事詩」の章が正確な英訳を提供してくれている。

この伝説は、バビロニアで新年の正月四日目に荘厳な調子で朗誦された聖歌、一種の叙事詩であった。その主題は、英雄マルドゥクがカオスつまり混沌の悪魔の軍隊とたたかってこれを打ち負かして、コスモスつまり世界の秩序を確立することを述べたものである。

マルドゥク伝説

メソポタミアの古代文明は、ティグリス・ユウフラテス河がペルシャ湾に注ぐところに形成された大沖積平野の上にできた。これは甘い水、すなわち両河の水と、からい水、つまり海水とがまじるところに形成された。これを象徴するように、甘水アプスーの男神とからい水ティアマトの女神との結婚によって巨大な蛇であるラームー、ラハムーが生まれ、次に天空を代表するアンシャール、大地を代表するキシャール夫婦が生まれ、その息子に天の神アヌ、またその息子エアなどが生まれ、どれも賢い子供たちであった。神々の家族がしだいに増加して、その喧騒にたえられなくなった老祖父のアプスーはティアマトに不平をのべ、わが手で後裔をみな殺しにして、平安を回復しようと図った。これに反対するティアマトとアプスーの仲違いから、神々が二派に分れて争うことになる。

賢いエアの子として非凡な力をもって生まれたのがマルドゥクであった。父親のエアは愛するその子に普通の神の二倍のもの、目四つ、耳四つをつけてやった。生まれつき冒険好きで、成人するにつれて、ずいぶん悪戯をやった。例えばある時、風つまり風の神を革ひもでつないだため風はマルドゥクの行く先ざきでしか吹かなくなった。彼の神としての属性の重要な一つが、風の神をつかまえ風を自由に吹かせたり止めたりできることにあったことを記憶していていただきたい。

マルドゥクのいたずらに怒った神の一派は、大祖母ティアマトをそそのかし、これを葬り去ることとした。神々は会議を開いて、武勇すぐれたマルドゥクをどうしてやっつけるか、作戦をねった。ティアマトは恐ろしい毒をもったまむし、竜、マンモス、ライオン、狂犬、さそり、風の悪魔、飛竜、ケンタウロスなど十一種の魔物を生み出し、それらをくり出してたたかうことにきまった。

これにたいするマルドゥクの戦備はいかにと見ると、まず彼の定紋うった弓に弦をはり、王笏を右手にもち、前には稲光りをおいた。彼の身体はそれに照らし出されて、まるで後光を放っているように見える。鳥を捕えるのでもないのに、父エアからおくられた大きな網を折り畳んで手もとにおいたのは、思わくがあってのこと、それは後にわかるであろう。それよりも注目すべきは、兵器としての風についての配慮であった。四方の風、南風・北風・東風・西風がわが身から離れないようしっかりと配置した。なおその上に、凶風《まがつかぜ》・旋風・突風・強風・烈風・颶風《ぐふう》・暴風などという、七種の強烈な風をも武器としてたずさえた。かくしてマルドゥクは、怒り・残酷・嵐・突風などの四怪物に馬車を引かせて、ティアマトの軍めざして攻撃をかけた。

怒ったティアマトはマルドゥクと一騎打ちせんと飛び出してきた。大声で呪文をとなえ、部下の猛獣は歯を鳴らして、後ろに従った。ティアマトが拡げておいた網の上にくるのを待って、マルドゥクはさっと網をたたんで彼女を捕えた。大口をあけてマルドゥクを呑み尽くさんとした彼女の口に、彼は従者の凶風に命じて、彼女の口中にむかって強く風を吹きこんだ。閉じようとして閉じられないで苦しんでいる彼女の口中深く、彼は弓に矢をつがえて射込んだ。矢は腹中深く貫いて心臓は破れ、彼女はついに絶命してしまった。

話はしかしそこで終らないで、その次に大切な天地創造の事業が始まる。彼はティアマトの死体をまるで貝がらのように二つに割って、一方を天井にあげて柱で支えて天空とし、一方は、水をたたえた大地にこしらえた。空には星座がつくられ、月ができ、第七日目には太陽さえ製作され、天地創造は大かた完了した。この天地創造のための神の労苦を分つため、神に奉仕するためのものとして、マルドゥクは誅滅されたティアマトの一味の死骸から、神の姿に似せて人間を創造したのであった。

風雨による黄帝の支配

もう一度黄帝の政治をふりかえってみる。黄帝はまず炎帝と阪泉の野に戦い、これに勝ってから後、さらに蚩尤と涿鹿の野に戦い、これに勝って天子の位についたと、『史記』は書いている。近年の中国の人類学者の研究によると、これは同じ戦闘を蚩尤と炎帝との二度に分けたのにすぎない、つまり黄帝の天下をとるかとらないかの決戦は、がんらいただ一回涿鹿における野戦があったのみだったといわれる。

そうすると阪泉の戦いで、黄帝が、熊・羆《ひぐま》・貔《ひ》・貅《きゅう》・貙《ちゅ》・虎などを訓練して戦場において主兵力としたことは、マルドゥク伝説では、退治されるティアマト軍が十一悪獣群を訓練したのに相当する。敵役であるティアマト派では風神をあまりつかわないが、マルドゥク側では、風を主兵器として盛んに使用している。ところが中国の敵役である蚩尤側がかえって雨師・風伯を活用し、大霧《スモッグ》をおろして、黄帝の総攻撃を食い止めようと図っている。

前に『史記』を引用して語ったように、黄帝は、天下統一後に一つの土地に定住することなく、たえず中国全土を巡遊していた。したがって宮殿のような恒久的な住所があったわけではなく、野戦における司令官のように、軍隊に周囲を守られつつ幕舎の生活をつづけていたといわれる。これは黄帝が後世の儒家が想像するような文化的な聖帝でなく、マルドゥクにも似た武勇に優れた軍人としての性格をもっていたことを表わしている。

所を定めず巡幸している黄帝の住む行在《あんざい》の幕舎の上のあたりにはいつも雲がたなびいている。これは黄帝が天帝から特殊な恩寵をうけている象徴だとして、官職に雲の名をつけたという。春官《くないちょう》は青雲、夏官《じえいたい》は縉《あか》雲、秋官《ほうむしょう》は黒雲、中官《そうむちょう》は黄雲、といった具合であったという。雲雨という熟語があるように、雲にともなって雨が降るのであるから、黄帝は雨を支配する力をもっていたことを暗示している。戦いにあたって、敵である蚩尤のほうが風伯・雨師の巫女をつかって風雨を駆使し、今でいえば、化学戦・原子力戦のような威力を示そうとする。これにたいして魃という天帝お気に入りの巫女を下して、この豪雨を晴れ上らせたのであるから、この巫女をいわば防禦的ないし平和的に利用したといっても、黄帝がとくに風雨を支配する巫術の保持者と信じられていたことに変りはなかろう。

『史記』によると、黄帝はまた風后・力牧・常先・大鴻の四人を大臣にひき上げて、政治を行なわせたという。このうち風后・力牧には、黄帝が夢のお告げによって、民間から見つけ出したという伝説がある。

ある夜黄帝は、大風が吹いて天下の塵垢《じんこう》を全部払って清潔になったさま、またある武士が千鈞《きん》の弩《いしゆみ》を軽々と手にもって、一万頭の羊群を駆っているのを夢にみた。さめてから黄帝はいたく感動して、

「風というものは、息を大きくはいて号令するもので、政治家になることである。垢という字の土へんをとると后という字になる。姓は風、名は后、つまり風后という男にあた

る。千鈞の弩をもつことはつまり力の持主ということ、万頭の羊を駆ることは牧することである。これは力牧という姓名を表わしている。皆々ども、これからさっそく、風后・力牧という名の男をさがしてまいれ。大臣に任命するのじゃ」

とおおせられた。該当者が探し出され大臣に登用されたが、はたして治績大いに見るべきものがあったと書かれている。

黄帝は夢判断の大家であったという伝説があって、黄帝の著述として『占夢経』十一巻が前漢の終りまで伝わっていた。また『風后の兵法』という図版冊二巻、本文十五巻と『力牧の兵法』十五巻もその時代に流布していた。夢を姓名判断にこじつけたところは、夢占いの物語りとしては古意を失しているようであるが、夢占いは殷代の卜辞にたびたび現われるから、帝王である黄帝が夢に現われた上帝の神託にしたがって、将軍・大臣を決定したという説話自体はまったく架空の想像から出たものとはいえないであろう。私はとくに、この黄帝が風后を大臣に用いたことを、マルドゥクが風を主要武器としてティアマトを退治した話のテーマに共通するものがあるという点から重視したい。

風力と精錬技術との関係

雨乞いの行事には、雷を象徴する太鼓がつきものである。中国の東南の異民族たちは、青銅製の鼓をうち鳴らし、これに合わせて舞踏を行なった。銅鼓の鼓皮にあたる部分には、しばしば雨につきものである蛙が、同じように水神の象徴である竜とともに文様化してつけられているのは、これがおもに求雨の儀式につかわれたことを表わしている。中国古代の雨乞い、つまり雩《う》の祭りには、巫女も同じように鼓の音に合わせて踊ったのであろう。

雨師にならんで風を支配する風伯は、何の持物によって風を象徴していたであろうか。私は中国では、ふいごをもって風の支配を表わしたのだという想像を提出したい。

まえに引いた正月の四方・四風に祈年する卜いの文には、西方の風を、また西方をなどと書いている。他の卜辞には、風とある。この字の偏の韋はなめした革の材料をさし、旁《つくり》は人夫が足でなめし皮で作ったふいごを踏んで、風をおこしているさまを表わしたのであろう。なめし皮製のふいごが西風、または西方の風神の名として用いられていることは、西方の風神すなわち巫女がふいごをもって西方の風を調節していたからであろう。

古代の冶金技術のなかで、るつぼ中の銅・鉄の鉱石の原料を熔かす高熱をえるためには、ふいごの送風装置がもっとも重要だった。ふいごの技術は結局、中国古代では青銅製の武器・容器の精錬・鋳造と密接に結びついて発達してきたと思われる。

風を支配してきた蚩尤は、またふいご技術によって青銅兵器の製造を行なった部族の代表者であり、この技術の発明者でもあり、古代においては神秘的なふいごの用法、青銅器鋳造の秘密を知っている巫師の祖先と仰がれる人物であった。とくに彼は、山東地方の斉国では天主・地主につぎ八神の一として兵主と呼ばれて、尊崇されていた。その陵墓は斉の西の国境付近の東平郡寿張県の闞《かん》郷城中にあった。高さ七十尺ばかりの壮大な墳丘で、十月の例祭当日には、匹絳《ひっこう》の帛《にしき》といわれる赤帛そっくりの赤い気が丘の上から火山のように噴出するといわれる。山陽郡鉅野県《きょや》に蚩尤の肩髀塚《かたほね》というものがある。その規模はまったく東平郡と変らない。黄帝が蚩尤を退治したときはねた首が東平郡に葬られ、身体のほうがここに葬られたと土地の人は称しているが、その実否は不明である。

漢の高祖が前二〇九年、秦の二世皇帝に謀反して、兵を挙げたとき、蚩尤を祭って勝利を祈り、軍楽隊の太鼓や旗指物に犠牲の牛の血をそそぎかけてまじないをしたといわれる。蚩尤が青銅武器の発明者として、また軍神として、漢代にいたるまで東方の人民のあいだで畏敬されていたことは、この話でもわかるであろう。

蚩尤と張り合った黄帝については、漢の武帝の時代に申公という仙人が次のように書いている。

「黄帝さまは首山の銅鉱を採掘され、荊山の麓にて鼎の鋳造を始められました。鼎がやっと完成したころ、竜があごひげを垂らして、お迎えに天上から舞いおりてきました。黄帝さまがその背の上に乗られると、群臣や後宮《じょかん》たちすべて七十余人、われもわれもとお後《あと》についで乗りこみました。そこで、竜がゆっくり舞い上がりはじめました。のこりの侍従たちはせなかの上に坐る余地がありませんので、仕方がなくみな竜のひげにすがりつきました。

いかさま太い竜のひげも、たまらず根元からばらりと抜けおちました。はずみをくらって、黄帝さまの持物の弓までもろともにおっこちてしまいました。人民たちが上を向いて、あれよあれよ、というまに黄帝さまはどんどん天に上ってしまわれました。残された人民どもは黄帝さまの弓と竜のひげを抱きかかえ、黄帝さま、どうして私共をお供につれて下さらないのですか、と声をはりあげて泣きさけびましたが、今さらどうすることもできません。

後世の人は黄帝の昇天された湖の名を「鼎湖《かなえこ》」と改め、弓のことを「烏号《さけびなき》」と呼ぶようになったと申します」(『史記』封禅書)

といっている。黄帝が鋳造した宝鼎は一個でなく、天・地・人をかたどった三個一組みであったとか、漢代の仙人たちはいろいろ黄帝の昇天の説を面白そうに語っている。この多彩な説話の底には、黄帝もまた青銅器製造に何か関係をもっているという事実がひそんでいる。ライバルの蚩尤が銅製の武器を鋳造したのにたいして、攻撃用兵器ではないが、ともかく銅鼎を鋳造しているのであるから、黄帝もまたふいご技術を身につけた、青銅器鋳造の秘密を知る部族にぞくするものであったといえるであろう。その意味から彼もまた風を支配する神の一人であった。

古代メソポタミアのマルドゥクのティアマト伝説と、古代中国の黄帝の蚩尤撃滅の伝説が、その戦闘の勝敗の鍵となるものは、風を自由にする巫女を獲得できるか否かにあった点において、不思議な一致を見せていることを説いてきた。

第四章　鍛冶師と山の神

タタラという地名

古代バビロンや古代中国では、風を支配することが天神の重要な属性と考えられていた。この強大な力を神から与えられた、魔術師であったと思われる黄帝や蚩尤がまた祭器や兵器を鋳造する鍛冶師であったという伝説が存在していることに気がついたのも、柳田國男先生の著述からの暗示によるものであった。

先生は『地名考説』（『地名の研究』古今書院、一九三六年所収。『柳田國男全集』第八巻、筑摩書房、一九九八年）のなかで、山中に住んでいた鍛冶師が残した地名として、「金《かね》子《こ》屋敷」と「多々羅《タタラ》」とを拾い出されている。羽前国で三ヶ所に見出される金子屋敷または金子小屋という字《あざ》の、金子というのは、がんらい金工をさすことばだろうと論ぜられた。ここには鉄山の守護神である金屋護神《かなやごじん》とか、金鋳護宮《かないごきゅう》という祠《ほこら》があり、これはタタラ師がもってきた神であったのである。カナイゴという地名はまた中国地方にも広く分布している。カナイゴが本来はタタラ師の別名で、カナイゴの守護神だから金鋳護神の字ができたのである。それはまたカナイ神といい、金井神・家内神などとも書かれるようになる。冶金鋳造につかうフイゴのことを、日本の古語でタタラと称していた。当初踏鞴《たたら》を取り扱った種族は普通の農民よりは智慧のすぐれた外来人で、需要に応じて天下をへめぐっていたものであった。山中においてこの鋳造の技術を行なったため、欧州では隠れ里の伝説を発生せしめたと同様に、日本では、その残した鉄糞塚《かなくそ》とともに、塚の神の信仰をもち、これを擁して田舎人をこわがらせた。

タタラは多々羅・多々良などいろいろの字で書かれ、全国的にかなり広く分布する地名である。製鉄場の要件としては、砂鉄と用水のほかに、燃料にあてる木炭を製するための木材が豊富である地点が選ばれる。しかしやがて木材は伐採しつくされるから、やむなく転々として所在を移してゆかねばならなかった。そこでさらに広くタタラという地名が分布することになったのである。欽明天皇のとき、朝鮮半島の任那《みまな》から来朝、帰化したものが、多々良《タタラノ》公《キミ》という姓を賜わったという。多多羅という村名が早くから『書紀』に出ているから、半島からきた外国語がもとであろうが、その語の原義はよくわからぬ。鍛冶技術が帰化の半島人によって日本に輸入されたためであろう。

一踏鞴という怪物

フイゴにあたるタタラを名のる一つ目、一本足の怪物の伝説について、柳田國男先生は『一目小僧』〔一九一七年。『柳田國男全集』第七巻、筑摩書房、一九九八年〕のなかでも言及していられる。

「紀伊国熊野の山中に昔住んでいた一踏鞴《ひとつたたら》という凶賊の如きは、飛騨の雪入道と同じく、また一眼一足の怪物であった。一踏鞴大力無双にして、雲取山に旅人を劫《おび》やかし、あるいは妙法山の大釣鐘を奪い去りなどしたために、三山の衆徒大いに苦しみ、狩場刑部左衛門という勇士を頼んでこれを退治して貰った、云々と『紀伊国続風土記』に出ているが、この記事だけでは、単に或時代に出て来た強い盗賊というまでである。しかし熊野の山中には今でも一本ダダラという怪物がいるというのを見れば、これを普通の歴史として取扱うことは出来ぬ。これは南方熊楠氏に聞いた話であるが、一本ダダラは誰もその形を見た者はないが、しばしば積雪の上に幅一尺ばかりもある大足跡を一足ずつ、印して行った跡を見るそうだ。

つまり一本脚ということは、雪の上に足跡を留めたによってこれを知り、その姿は見たものがないところから、眼の一つであったか否かはこれを論議する折を得なかった。各地の例から類推すれば、いずれも一目小僧の系統に属せしむべき怪物であったかと考えられる」

とされ、土佐の山鬼、山爺が目一つ足一つであるというのをはじめ、多くの一つ目、一本足の山鬼の伝説を紹介される。このうち山神の一つ目である理由については、神が降臨されるとき、一方の目を怪我されたという話をたくさん集めて、やや結論らしいものを提出された。

神が一つ目である理由

たとえば松本市宮淵にある勢伊多賀《せいたか》神社の氏子たちは、この神の降臨のとき、栗の毬《いが》で御目を突かれたというので、今でも村内に栗樹が決して生えず、万一うえて生長すると家が衰微すると信じて、決してうえないというような例がそれである。

昔の祭礼には、ある一人を定めて神主として神の名代として祭の礼をうけさせた。これはわたくしがさきにふれた中国の古俗でいう尸《よりまし》に近い。田舎の社で潔斎した清い童男または童女が、その日ばかり神になって、ささげられた御饌を食った。これにいろいろの願いや問いを申して、その口から神意を聞いたのだそうである。この話を読むと、中国の礼に書いている儀式とまったく一致していて、これを目の前にありありと見るような気になるのである。ところで神が片目を潰されたという異変は、その代理である神主、尸童《しどう》の身の上に起こったことを伝説として話しているのにちがいないとするのが、先生独特の考え方である。

つまり祭の中心である神主の片目をわざわざ潰しておくという慣習があったのだとされるのだが、その理由について次のごとき仮説を出された。

「ずっと昔の大昔には、祭の度ごとに一人ずつの神主を殺す風習があって、その用に宛てらるべき神主は前年度の祭の時から、籤または神託によって定まっており、これを常の人と弁別せしむるために、片目だけ傷つけておいたのではないか。この神聖なる役を勤める人には、ある限りの款待と尊敬を尽し、当人もまた心が純一になっている為に、能《よ》く神意宣伝の任を果しえた所から、人智が進んで殺伐な祭式を廃して後までも、わざわざ片目にした人でなければ、神の霊智を映出し得ぬものの如く、見られていたのではないか」というのが、その結論である。この根拠となっている祭礼に尸をたて、これを神の代表とし、神自身と見なすという考え方は、今いったように中国の礼と一致するから、これをそのまま中国古代の一つ目、一本足の山鬼つまり夔《どう》の神話伝説の解釈にそのまま適用してもさしつかえないようである。わたくしは中国の山神である夔を、神が馮依して、一つ目の仮面をかぶって舞踏を行なう巫女の姿として説明した。なぜ一つ目の仮面をかぶって舞踏が行なわれるかという根本の理由も、やはり柳田先生の仮説によって説明することができる。中国の古代、とくに殷代では殷墟の発掘によって明らかとなったように、一王陵から千体以上の殉葬が発見されている。人身犠牲はひじょうに普遍的に見られる現象であるから、その用にあてるべきひとの一眼を潰す風習の存在は、日本の古代にくらべると、ずっと楽に推論することができるであろう。

日本では、尸となるものの一眼を潰す慣習は、人身御供の祭儀が廃された後も長く残存した。これにたいして、同じような習慣があったにちがいない中国では、仮面舞踏の採用によってより早く消失したと解釈すべきである。

一本足と鍛冶職

一つ目、一本足の山神についての中国の伝説は、わが柳田先生の一つ目小僧の研究によって一つ目の理由のほうは説明がつくことになった。これに反してさすがの柳田先生も、

「それよりもなお一層始末の悪いのは足の方である。いやしくも深山に出没しようという妖怪が肝腎の足がただ一本ではどうなるものか。これが文字通りの変化《へんげ》の物であって、何なりとも入用な形に身を変えて出る先生であったとすれば、物ずきにもそんな不自由な支度をして来る筈がない。しかるにこの妖怪ばかりは久しいあいだ、善く民間の言い伝えた通りを遵守していたのである。それには何か相当の理由があったことと考える」

として、そのよくよくの因縁として、土佐では一つ目、一本足を山鬼または山爺などというほかに、また片足神と称する神様が方々に祀られていた。この神は片足と信じられ、半金剛の片足を寄進するのが古来の風であるという。またある地方では神にささげる沓草履《あしなかぞうり》がただ片一方である場合が多く、南伊予では、正月十六日に直径一尺五、六寸もある足半草履をただ片方だけつくって、村はずれの古来妖怪の出る場所においてくる。わが村にはこの大きな草履をはくくらいのひとがいるから、何が来てもだめだということを示すのが趣旨であったという話を引合いに出される。

結局、

「そうして見れば一つ足で能く奔《はし》るという不思議も、我々の祖先にはそれだから神だ、それだから妖怪だというように、むしろ畏敬を加える種となっていたのかも知れぬ。奇怪千万などという語が、詰責《きっせき》の時に用いられるようでは、もはや世の中も化物の天下ではない」

と結ばれる。しかし世間の人に畏敬の念を与えようとする怪物が、そのためにとくに一本足を選んだという理由はついに奇怪千万のままに残されている。

大正六年八月「一目小僧」を東京日日新聞に寄稿された柳田先生は十年後に同じテーマについて「目一つ五郎考」の新稿を雑誌『民族』にのせられた。そこでは、「片眼と片足との関係についても、四国の山神は二者をかね、東国一帯に於いては主として一本脚のみが伝えられ、また他の地方には目だけの不具を説いている。この地方的変化は確かに比較の価値があると思うが、それは長くなる故に別に一章にたてた方がよい」として、この片目、片足の関連についての伝説の地方差についての考察をさらに後日に譲られた。そして、

「何故に独り山に住む異形のみが、そのような特徴を以てひろく知られていたかは、必ずしも気まぐれなる小さい問題でない。気力ある若い学者ならば、幸いに日本にばかり豊富に残留した資料を処理して、これによってギリシャ、北欧の神話にも共通した、神秘の謎を解き得る望さえあるのである」

として後輩にその研究の継承を期待していられる。

最近、全集を読みかえしてみて、この神秘を解く鍵に近いものは、すでに暗示されていることに気がついた。

眇をメカンチというのは鍛冶からの転訛で、鍛冶職が一眼をとじて刀の曲直をためす習いからというのが古来の説であったが、それは疑わしい。秋田県の北部では、カジとは跛者のことである。たぶん足の不自由な人がこの業にたずさわった結果であって、別に作業のため

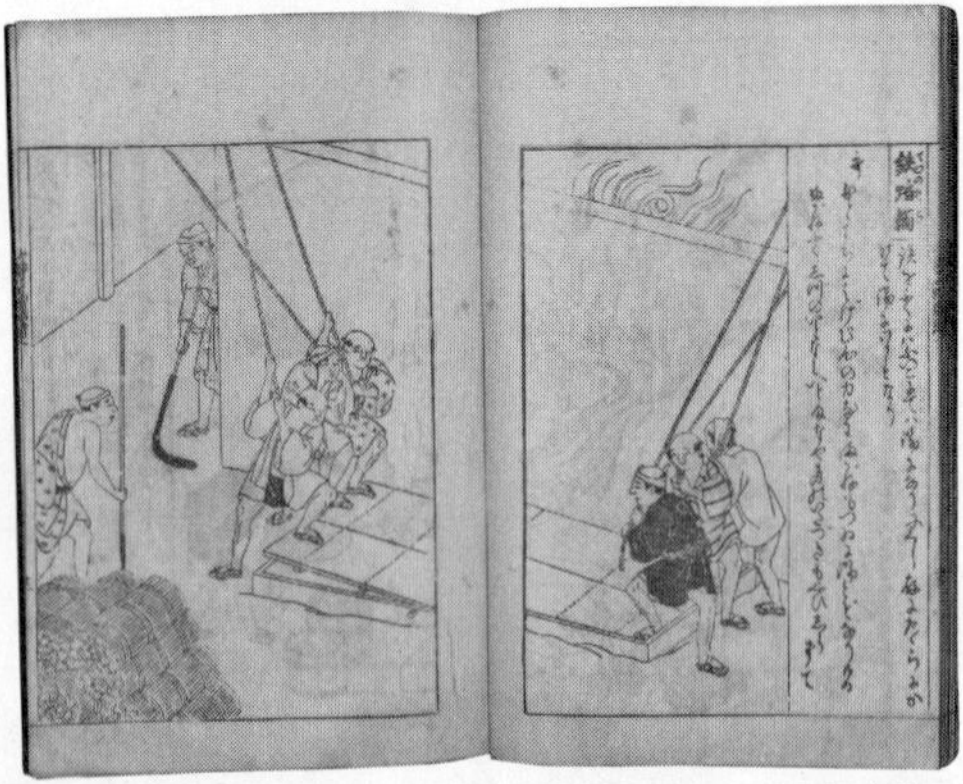

タタラを踏む職人たち（『日本山海名物図絵』平瀬徹斎著、長谷川光信画、1797年版）

にそんな形をまねたからではあるまい。『書紀』に出る金つくりの天目一箇《あめのまひとつ》の名から判ずると、事実片目のものだけが鍛冶であったから、眇者《カヌチ》と名づけたと解するほうが自然であるとして、跛《カジ》＞鍛冶＞眇という関係になるとされる。この語源論が正しいか否かは、やや問題であるけれども、跛《カジ》と鍛冶職との関係を指摘されたのは、じつに示唆的であった。

かつて松村武雄〔一八八三―一九六九年〕博士は『神話学論考』〔同文館、一九二九年。のちゆまに書房、二〇〇三年〕のなかで、ギリシャ神話における火と鍛冶の神であるヘフィストが跛者とされており、ローマ神話の同じ鍛工の神ウルカヌスも同様であるのをはじめとして、ドイツ伝説のフォルンド、フィンランド伝説のワイナモイネンなど、すべて鍛冶をつかさどる伝説的人物は、純粋の神であると半神であるとを問わず、多くは肉体的に不自由であり、跛者であることを指示された。この事実には、世界の神話学者は早くから気づいていながら、まだ充分人を納得させるだけの説明が下されていない。そのなかでは、跛者のような肉体の持主は、狩猟・漁業・戦闘などに従事することが困難なため、おのずから他の重要な生業である鍛冶にいそしむにいたったという説が比較的有力であるが、松村博士はまだこれに完全に同意することができないといわれている。

博識の柳田博士は、この問題がこのような比較神話学上の宿題であったればこそ、自己流の結論を早計に下すのをさけられたのである。

柳田先生は前に引いたように、紀伊国の一踏鞴《ひとつたたら》という凶賊は、熊野山中にいる一本ダダラという、雪に一尺ばかりの大足跡をのこす怪物と関係する伝説であることを指示された。山中に住むという妖怪が踏鞴《たたら》と名づけられたことは、タタラつまりフイゴを使用して鉱石を精錬し、あるいは鍛冶をいとなんだ特殊の職業集団にぞくするひとを神秘化したのではなかろうか。そしてそれが一本ダダラとも呼ばれるのは、かかる集団にぞくするひとにはまた跛者が多かったからではあるまいか。

片目の竜神天目一箇命

伊勢桑名郡多度山の別宮は祭神を天目一箇命《あめのまひとつのみこと》という。『書紀』神代紀の天の香山《かぐやま》の金を採り、真名《まなの》鹿の皮をそっくり剝ぎとって、天羽鞴《あまのはぶき》の皮フイゴとして日矛《ひぼこ》を作った石凝姥《いしこりどめ》という冶工《かぬち》にあたるかとする論者もある。その神はしかし一目竜という大蛇であった。昔、山崩れのさい、心なき人夫の熊手の尖《さき》があたって片目竜となった。とにかく畏ろしい荒神で、大いなる火の玉となって遊行しながら、よく暴風をおこして、海陸の民に災害をあたえた。それは、雨師というよりはもとは風伯《かぜのかみ》として、船人たちに崇拝されていたらしいといわれている。

多度山の別宮つまり天目一箇命という冶金に縁のある一つ目の神が風伯であったということは、一つ目、一本足の山神が、じつは山の民である鍛工のいつきまつる守護神ではなかったかという想像をおこさせる。

この大蛇の神は、山崩れのさい人夫の熊手の尖にあたって片目竜となったというが、山崩れは単なる山崩れでなく、大蛇のおこしたものであり、その熊手はひょっとすると金属製であったのが、古い型の伝説であったと思われる。というのは、柳田先生の「鹿の耳」〔一九二七年。『柳田國男全集』第七巻、筑摩書房、一九九八年〕という論文には「山神と琵琶」と題した一項に面白い説話がのせられているからである。

羽前の米沢から越後の岩船郡にこえる大利峠の頂上に大倉権現が祭ってある。昔々一人の盲人の僧が、日暮れになったためこの嶺に独りで野宿し、寂寞の情を琵琶を弾じて自ら慰めた。一人の女性が突然姿を現わして、曲をきいていたが、嘆きのあまり口を開いて、

「じつは自分はこの山中に久しく住む大蛇である。近々大海に出るはずだが、そのときは関の一谷は水底となるであろう。あなたはあの村に長居はされたもうな。めでたい曲のお礼にあなただけにもうしたのだから、もしこのことを他人に洩らしては、あなたの命があぶないですよ」

と語って姿を消した。盲僧は大いに驚きかつ迷ったが、慈悲をたてまえとする僧として黙していることはできぬ。夜明けに関の一谷に下るとき、意を決してこれを村人に教えたところ、盲人は語るが早いか血を吐いて死んでしまった。大蛇にとって鉄の釘は大毒であると、女がふと口走ったこともいっしょに教えたので、村人は鉄釘で大蛇を退治して事なきをえたという。

地崩れを蛇崩れといって地中の蛇が原因であるとし、また蛇のきらいな毒をふくんでいる鉄の杙《くい》を周囲に打ち込むと、蛇は出ることができぬというういつたえが信州にもあるよし。関の一谷にも鍛冶屋敷の跡があるというし、また大蛇の山神が鉄に退治られたという点からも、この伝説は、鍛冶師の山人の伝承がもとになっているらしい。あるいは山の神は来臨するとき鍛冶師の鉄釘あるいは熊手にあたって片目になったというのが、その原形であったかもしれないのである。

柳田先生のお考えでは、蛇体の水・土の神は仏教では琵琶をもった女神であり、かつ琵琶を弾くものの保護者でもあった。琵琶法師には、がんらいわざと目を抜いて世俗と引き離しておく習慣があり、この盲目であることによってとくに水底の同じく片目の神から特別に恩顧をえたのである。こういう琵琶法師がわの語る伝説では、本来は鍛冶師の山神であったものが水神の蛇に変化させられてしまっているが、今の伝説はこの系統をひくものではなかろうかということになる。

スサノオノミコト伝説と鍛冶職

中国の神話における黄帝・蚩尤などの神は、がんらいは日本の山神などと同じく、鍛冶を専業とする部族の魔術師として、精錬・鋳造の中心技術であるフイゴの秘密をもつものであり、それから発展して風を支配する風伯、風神としての属性をもつことになった。そこで黄帝・蚩尤の戦闘の神話にも現われるような、強力な荒神としての性格がつけ加えられてきたのであった。

　中国の神である黄帝・蚩尤と、遠くメソポタミアのマルドゥクなどとの類似点を説いたのであるが、そのまえに日本の神話における荒神の典型である素戔鳴尊《スサノオノミコト》との比較を行なうべきであった。

　スサノオノミコトは、『書紀』によると、勇悍《たけ》くして、安忍《いぶり》にましまして、また常に哭泣《なきいさ》つるをもって行となしたもうたといっている。安忍とは、気吹《いぶき》にして、言出して言わず、気吹くがごとき状をなして憤るをいうと注をつけられている。スサノオノミコトが根《ね》の国にゆくに先立ち、姉なる天照大神と訣別するため高天原に昇るとき、溟渤《おおきうみ》鼓《とどろき》蕩《ただよ》い、山岳鳴りほえた。これは神の性が雄健なるがためであったとしている。しかしこれはスサノオノミコトが風雨を支配する荒神であった属性の発露であると解釈することができる。

　スサノオノミコトのおかげで、国内の人民は多く夭折せしめられ、また青山を枯山にされた。その悪業のため父母のイザナギ、イザナミの二神は、宇宙に君たるべからずとして、遠く根の国に追放を命ぜられたとされている。この青山の木を伐採しつくして枯山にしたとは、風神であるスサノオノミコトが鍛冶を業とする部族の神であり、精錬の燃料として、いたるところで材木を伐採しつくしたことを表わすと解釈できる。

スサノオノミコトが天上から出雲の国の簸《ひ》の川上に降りて、八岐大蛇《やまたのおろち》を退治したときのこと、十握剣《とつかのつるぎ》を抜いて大蛇の身をずたずたに切ったのだが、尾のところでこの名剣の刃が少し欠けた。注意して尾をさくと中から一振りの剣が出てきた。これが草薙剣《くさなぎのつるぎ》であったという有名な『書紀』の一段がある。そして、頭尾おのおの八またに分れ、眼は赤酸醤《あかかがち》のごとく、松柏背上に生いたち、八丘・八谷にはいわたったといわれる八岐大蛇は、じつは製鉄、刀剣の鍛冶を職業として世襲する部族の守護神ではなかったであろうか。スサノオノミコトがこの守護神を退治し、剣を手に入れたことは、つまり八個の鍛冶部落を征服して、製鉄技術を占有し、自己の出雲民族の繁栄を確保したのだと解釈できるであろう。

スサノオノミコト伝説は、普通は大和民族ではなくて、出雲民族系にぞくするといわれている。『書紀』の一書によると、新羅国に至り、高天原を放たれたスサノオノミコトはその子イソタケルノミコトをひきいて、「この地《くに》はわれ居《お》らまくほりせじ」といって、船にのってさらに東に渡海し、出雲国に上陸して大蛇退治を行なったことになっている。またミコトは「韓郷《からくに》の島はこれ金銀《こがねしろがね》あり、たといわが児の御《みこ》する国《しら》に浮宝《うくたから》あらずばよからじ」といって、自らの体毛を抜いて、杉・檜《ひのき》・柀《まき》・樟《くす》をつくり、この木の種をミコトの子であるイソタケルノミコトにさずけて、日本全国にまかせて青山に成したといわれる。この伝説は半島から先進の採鉱・冶金の技術を導入するとともに、その原料をとるために伐採される樹林の復原のための植林技術もともに取り入れたことを語るものであろうか。

スサノオノミコトの八岐大蛇の退治、草薙剣のその体内からの出現の伝説と、さきの琵琶法師の内通で水神の大蛇が鉄のタブーによって退治される伝説とのあいだに存する一脈の連絡によって、この想像は裏づけられるのである。

風神にして鍛冶の守護神であるスサノオノミコトの伝説は、中国の黄帝・蚩尤と同一のテーマを取り扱ったものとみるべきである。その八岐大蛇退治のやり方は、黄帝の蚩尤征伐よりも、より素朴でかつ詳細な叙述で、中国の道教化された説話の原型はかくあらんかと想像されるものを含んでいる。黄帝伝説にも、黄帝が、蚩尤退治によって、その武器を手に入れ、冶金技術を手中に収めたことを語る一段がもとはあったはずと推定される。

イザナギノミコトは、鼻を洗ってスサノオノミコトを生んだ後に、「わが生める国、ただ朝霧のみありて、薫りみてがも」とのたまって、吹き撥《はら》わせる気《みいぶき》に化為《な》る神の号をシナトベノミコトといい、風の神であったという。風神であるスサノオノミコトが神話中で勇猛な荒神として成長したため、後にシナトベノミコトという専門の風神を分化させる必要ができたと解釈すべきであろう。これにたいして、安忍《いぶり》して哭泣《なきいさ》つるのを行としたというスサノオノミコトの性格を、荒神としての性格に風神の属性を追加したものとする解釈ももちろん可能である。しかし私はより自然な前の解釈のほうをとりたいと思う。

いぶきを吹くことは呼吸することであり、生命の根源である。未開民族には生命や霊魂は気息のなかに内在しているという信仰が普及している。父君の鼻のなかに生まれたというスサノオノミコトは父君の気を代表するものであり、その意味でも風の神であるということはその重要な本来の属性であったはずである。

気は生命の本質、霊魂を意味し、人間の根源であるから、これを支配できる神は、神々のなかで至上の神とあがめられるのは自然である。このような風神から至上神への発達の契機が中国の黄帝伝説には欠けている。スサノオノミコトの神話はこの点において大きい示唆をあたえる。

鍛冶職氏族の守護神

中国の山神である一つ目、一本足の夔《どう》についての伝説には、日本の一つ目小僧、一本ダダラ、スサノオノミコトなどの比較によって、新しき樹林をもとめてたえず山中に移動し、定住性の乏しい冶金専業の部族の守護神たる面がありうることが暗示された。この点についてはっきりとした記述を残さなかった中国の山神伝説は、一本足の起原について、前に紹介したように、危が、天神の秘蔵する不死の果実を盗んだ罪により、足をくくって樹木につりさげる罰をくらったためだとしている。夔の別名である嚳《こく》という字は足に梏《こく》をはめられるものというところに起原しているように見えることである。

この伝説は、もし中国の山神が鍛冶族の守護神であったとすると、これは足に梏をはめられて、この職を世襲することをよぎなくされている、一種の賤民の暗い宿命の由来をよく説明した本縁伝説であったといわねばならない。世界に広く分布している、鍛冶をつかさどる神が跛者だという神話・伝説の説明がこれでつくようになる。

ある論者が考えたように、跛者が足の不自由を生かすために鍛冶業に従事するようになったのではない。逆に鍛冶業に従事するものは跛者でなければならない。先天的に不自由である場合もあるだろうが、後天的に跛者になるように強制されたのである。それは、柳田先生が『一目小僧』において論ぜられたように、神の名代で祭りの中心人物たるべき神主の眼を、わざわざ手数をかけて突き潰して片目にしたのと同じような理由によるものであろう。先生は、毎年祭りの度ごとに神主を殺す習慣があり、前年度から神託によって定められた次の神主になるひとを常人と識別しやすいように片目を傷つけておいたといわれる。跛者の鍛冶職はがんらいカジの神つまり山の神の名代であり、神主であったので、常人と区別するため片足に足かせをはめ、跛者とされたのであろう。

中国古代の五刑つまり五種の体刑のなかに刖《げつ》がある。刖は罪人の足を切る刑だというが、実際に足を切断するよりは、むしろ足の筋を抜いて、歩行不能とする場合が多い。『左伝』(荘公十九年)に次のような話がのっている。

楚の武王の悪逆の行ないにたいして、鬻拳《いくけん》という大臣が諫言を申し上げたが、王はいっこうにききいれられない。この臣下はやむを得ず、刀を振りあげて、

「もしおききいれなければ、恐れながら貴下の命はないものとおぼし召されませ」

と脅迫して、とうとう諫言にしたがわせた。王様が自分の言葉にしたがって行ないを改めたのを見とどけて安心した大臣は、かたちを正して王様に申し出で、

「まことに有難い極み、厚く御礼申し上げます。私は今しがたわが君を白刃をとって脅迫申し上げるという、大それた罪を犯しました。動機はどうであっても、その責任は免れることはできません。こうしておわび申し上げます」

といって、われとわが足の筋をぬいて、生まれもつかぬ姿になった。

この大臣の忠誠にあふれ、責任感にみちた壮烈な行為に、楚国の国民は、上下をあげて感動しないものはなかった。しかしみずから刑余の人と同じくなった大臣は、もはや常人の官職につくことはできない。いったい、刖つまり斬足の刑に処せられた罪人は、閽《こん》という、王宮の門番の役につけられるのが例であった。持場からなかなか離れられない身にとって門番はうってつけの役である。内門の奥には千人といわれる后妃をはじめ、三千人といわれる女官が起居している。門内には、寺人《じじん》つまり宦官という、宮刑をうけて生殖能力を奪われたものが使役に服している以外には、絶対に男性が足を踏みこむことが許されない。その内門を守る門番もうかうか男性を使えなかったので、刑余がその役にあたったのでもある。

楚の大臣は門番である閽人たちの元締めつまり大閽に任ぜられたが、この高潔な人格者が閽のような賤民と同じ職名では気の毒に思って、大伯すなわち親分という名で呼んだという。この伝説の結末が意味ふかい。これは、大伯という閽の元締めを世襲している氏族が、何故にこのような特権を楚国国王から与えられたかという由来、折口博士のいわゆる、氏族と楚国国王との関係をかたる本縁伝説にほかならない。

足の不自由な門番は、じつは生まれつきのものではない。みずから足の筋をきることにより、生命をながらえることができ、そして門番の役につくことができたのだ。この本縁伝説は、身体を毀傷して、みずからを常人と区別し、王宮つまりは神に奉仕する聖職につく習慣が中国古代に行なわれたことを暗示している。夔という中国の山神は、天帝からの罰として片足を梏にはめられた結果、一本足となった。罪人自身の自発的意志によるのと、刑によって強制されたのと、事情はちがっても、本来の社会的慣習としての意味に変りはないはずであった。

山の民である鍛冶を職とする氏族は、平野に住む支配者である君主にたいして自己の職業によって奉仕することを義務として負わされていた。新しい年の初めごと、また新君主の即位ごとに、山の氏族は都に上って、国王にむかって氏族の由来を述べ、変らざる服従をちかった寿詞を奏したてまつる。時代が下るにつれ、その寿詞は職業的な歌謡と舞踊に転化する。鍛冶では、ふいごの板に片足をかけて、タタラを踏んで、風を鑪《ろ》に送るのがもっとも重要な労働であった。タタラをふむ動作が「タタラ踊り」となり、これに調子を合わせて歌われるのが「タタラ唄」であったと、折口博士は考えられた。

前に述べたように、中国の山の神である夔は一本足で踊りつつ歌をうたったという。これは鍛冶職民の演ずる「タタラ踊り」、その歌う「タタラ唄」に相当すると解されるであろう。日本では山の民つまり鍛冶職の神人たちはしだいに強大な朝廷の勢力におされて、流浪の民となりやすかった。そのうちで手職をうけついだ家は自活しえたが、そうでないものはついに奴隷の状態におちいった。中国では反対に、この山神の夔は、中原を支配する殷王朝において、高祖神として高い神格をもち、天帝の代表として手厚い祭礼をうけるようになる。このことについてはもう少しあとで詳述するつもりである。

生活技術の指導者黄帝

日本・中国の山神についての伝承から、ふたたび黄帝の伝説にかえる。さきに紹介した古代バビロンの英雄、マルドゥクが、退治したティアマトの死骸や戦死者の遺体などを材料として、天地の創造に努力を集中したように、古代中国の黄帝もまた単なる戦闘の勇者にとどまらず、部下と協力して、中国文明にとって欠くことのできない重要な発見の数々をはたした。これが両文明の文化英雄のもつ第二の共通点であった。

黄帝時代の文化事業の第一に数えられるのは、記録官の蒼頡《そうけつ》というものに命じて文字を創造したことである。彼は砂か泥の上に印されている鳥獣の足跡からヒントをえて、漢字を発明したたいへんなタレントの持主だということになっているが、その伝説の真偽は保証の限りではない。漢の首都である長安の近く、左馮翊《さふうよく》の衙《が》県利陽亭南に墳墓がある。高さは六尺ばかりの、大きな墓ではないが、習字を始めるものは皆ここにお参りして、姓名をお札に書いて墓にほうりこむと、必ずききめがあって、字も上手になるといわれる。漢代では、京都の北野の天神様のように、信仰されていたことは事実である。

第二に、黄帝は中国人の衣食住の生活のもとになる技術をすべて発明したとされている。たとえば木を鑽《きり》として火をつくることを発明し、穀物を臼でつき、それを蒸して御飯とするなどの火食を人民に教えたといわれる。井戸をほること、衣服の制をきめたこと、家屋の建築、舟・車を製造する技術を黄帝がつくり出したという。『易』に附属した「繋辞伝」という秦漢のころにできた説明書には、

「黄帝・堯・舜は衣裳を垂れて、帝位に坐っているだけで天下が治まったが、この原理は易の乾坤の卦からえたのであろう。木を刳《くぼ》めて舟をつくり、木を剡《けず》って楫《かじ》をこしらえ、舟楫《しゅう》の利によって交通の障害をなくし、遠方の産物を運んで天下を利した。この原理は易の渙《かん》の卦からとられた。

牛を服《つか》い、馬に乗り、重い荷物を引いて遠方に運び、天下を利したのは、原理を随の卦にとっている。

関門を整備し、柝《ひょうしぎ》をたたいて見廻りを厳重にし、押入り強盗に備えたのは、原理を豫の卦からえている。

木を断《き》って杵《きね》をつくり、土地を掘って臼とし、臼杵のおかげで、万民の食生活が豊富になったのも、原理は小過の卦から出ている。

木に弦《つる》をはって弧《ゆみ》をつくり、木を剡って矢をつくり、弓矢の利によって天下を威服させた、その原理は睽《けい》の卦からとられた。

上古には中国人民は穴居して野外に住居した。後世の聖人がこれを一変して家屋を建築し、屋根によって風雨の害をさけることができるようになった。その原理は大壮の卦によることである。

古代の葬礼は、薪木のなかにくるめて、原野に葬るだけで、土を盛り上げ、その上に樹木をうえることなどはせず、喪に服する期間もきまっていなかった。後世の聖人がこの風習を一洗して、棺廓《かんかく》に入れて葬ることとした。その原理は大過の卦から出ている。

上古には縄の結び目で契約のしるしとしたが、後世の聖人は文字を発明し、官吏の政治も人民の社会生活もここに成立した。その原理は夬《けつ》の卦がもとになっている」

といっている。黄帝・堯・舜などを後世の聖人と総称し、その手によって人間の社会生活のあらゆる文化、あらゆる技術の発明が行なわれた、まったく易の八卦の原理を聖人が発明したことからできたことだとして、易の効能をのべたてている。後世の聖人、堯・舜といっても、大部分は黄帝の功績に帰せられているといっても過言ではない。このように黄帝は古代の文化功労者の最高の位置におかれているが、さらに重大な仕事がある。

文化の指導者黄帝

それは天文・暦法の制定であった。大スモッグがおりて、三日も晴れないので、黄帝が、洛水の岸に行幸して、水神に祈ろうとした。そこに世にも不思議な大魚が現われた。牛羊などの五牲獣をささげてお祭りしたら、スモッグ変じて大豪雨となり、七日七夜ぶっつづいた。そのあげく、魚が図つまり神秘的な絵巻きを流し出してくれた。ある説によると、黄色の竜がこの河図《かと》という絵巻きを負って水中から現出したのだという。いやそうではない。洛水から亀が図巻をもって浮んできたので亀書と称すべきだなどと、甲論乙説あって、さっぱり真相がはっきりしない。要するに、宇宙の神秘を説きあかす文書を天から受けて、天文星図を発見したのだといわれる。

『易』繋辞伝の聖人皇帝の発明物語りを、かつて古代の語部である瞽師の盲人楽師が口頭で語り伝えていた系図集である『世本』中の「作篇」つまり発明物語りと比較してみる。黄帝・堯・舜が舟を作ったという話が、共鼓《きょうこ》・貨狄《かてき》の両人が舟を創作したとなっている。そのほか杵と臼は雍父《ようふ》が、弓は揮《き》が、矢は牟夷《ぼうい》がつくり出したといっている。共鼓・貨狄・雍父・揮・牟夷などは黄帝の臣下の身分のものだと注釈がついて、それによって、二つの古典の矛盾を解決しようとしている。

単に生産的な技術ばかりではなくて、人間の娯楽まで考案したことになっているのは、さすがに物解りのよい中国の聖人であった。『世本』には、

「堯が囲碁をつくり、息子の丹朱が好きで上手になった。また烏曹《うそう》というものが博《ばくち》をつくった」

と書いている。宋代の『路史』という古代伝説を集めた本には、不肖の息子の丹朱の無法ぶりにすっかり閉口した聖人の堯が、その父親として知恵をしぼって囲碁を考案して息子におくった。始めてみるといくら考えても考え尽くせない深さをもった遊戯の魅力にすっかりとりこになり、さすが尻のすわらぬ道楽息子がやっと落ちついて物事に精を出すようになったのだ、というもっともらしい解釈をくっつけている。この本の作られた宋の時代は、理学というあまりにも倫理的な儒教の一派がそろそろ盛んになってきたので、つまらぬ慰みや益な

い遊びを作ったとあっては、理想の聖人らしくないと考えたので、子を思う親父の苦心作だとして、無理に正当化しようとした儒者の態度を滑稽に感ずるひともあるかもしれない。しかし現代でも自己のぞくする政治体制に忠実であるものが、現実の政治の矛盾を弁解するのにどんなに苦労しているかを考えあわせると、笑いごとではない。むしろ同情に値いするといえるかもしれない。聖人があらゆる文化の基礎技術を発明したことになると、世道人心によからぬ影響をあたえる博打のさいころまで、聖人の臣下の創作に帰さねばならぬのが論理の必然性というものでもあろう。私はむしろ、この伝説のごときは中国人のものにあまりこだわらない天真のよさの発露と考えるものである。

『易』の記事にひっかけて、その編纂に関係していた古代の聖人皇帝があらゆる文化生活の基礎となる技術を発明したというのは、ややこじつけのようにみられるが、聖人を古代の文化英雄とする見方自身まで、後世のでっち上げの説話とするのは行きすぎである。

『世本』にはまた、

「黄帝が義和に命じて日を卜わせ、常儀に月を卜わせ、臾区《ゆく》に星気を卜わせ、伶倫《れいりん》に音律をつくらせ、大撓《たいぎょう》に十干・十二支をつくらせ、隷首に算数をつくらせ、容成に律を総合して暦をつくらせた」

といっているのは、これまで述べてきた、黄帝が人間界の出来事だけでなく、自然界の現象の法則性を認識して、この法則を通じて自然界をも支配する能力の持主であることを表わすもののようにみえる。

黄帝は皇帝、つまり天帝を地上の人間皇帝、中国のいわゆる聖人に転化させたという学説を紹介しておいたが、自然と人間界の現象を支配する発明者としての黄帝の伝説は、彼が天帝の能力をうけつぎ、その委任をうけて宇宙・人間の創造者であったことを暗示するものではなかろうか。

天地開闢伝説の意味

アッカディアのマルドゥク伝説では、ティアマトとその一味を誅滅して勝ち誇ったマルドゥクはすぐさま天地を創造し、自分の治世を確立する大事業にとりかかった。マルドゥクはしばしティアマトの死骸を見下して、いかにこの物を料理して、造化の妙技を完成すべきかと思案していた。やがて意を決した彼は刀を下して死体を貝がらのように真二つに斬り割った。彼女の半身を上方にほうり上げ、天井つまり天空をつくりあげ、残りの半身は、見張番に命じて、身体内の水をこぼさないように、大地の土台とし、海もできた。彼は天空をめぐってその大きさを測定して、アヌを大空の領分に住まわせて空の神とし、エンリルを天と地とのあいだを領分として大気の神に命じ、エアを地下の水を領分として大洋の神に命じた。マルドゥクはさらに神々の持場をわりあて、天体をつくって、大空に太陽・月・星座が輝くようにした。星とその軌道、十二月の月の長さをきめ、東の空では太陽が暁に出るための入口をつくり、西空には夕方に太陽がはいる出口をあけてやる。

天地の創造が終るとこの君はまた、謀反人を引き出して、きりさいてその血と骨とで人間という、神に似た姿をして、神につかえ、勤労する生物をつくり出したのだという。

マルドゥクの伝説は、バビロニア新年祭の第四日目に神聖なる劇とともに読誦された叙事詩であった。春の始めに、古い年の冬の季節が死んで新しい年、新しい春の季節が始まる、その過渡をなす季節祭において、なぜ神々の戦争が神聖なる劇として神前で演出されたのであろうか。冬に死滅したように見えた植物・動物が新しい春の季節とともに発芽し、復活してくる。この生命の復活を促進し、新しい年の穀物の豊作を確保するのが、この儀礼の目的であったとされる。

新しき生命の復活が可能になるためには、古い季節、古い生命が一度滅ぼされねばならない。マルドゥクにより攻め滅ぼされるティアマトの悪魔の軍隊はこの古い生命の秩序を象徴し、マルドゥクの軍隊は新しき秩序を表わしている。この古い秩序を代表するティアマトの破滅によって世界の秩序は再び確立され、地上の皇帝もまた年ごとに新たに即位しなおして、この秩序をたてなおす。ここに宇宙・人間の創造、つまり天地開闢・人間創成が神劇として毎年、年の始めに演出されるのだというのが、神話学者たちの解釈である。

神農氏と悪魔蚩尤を征伐して新しい王朝をうちたて、人間の文化生活と自然の運行とを調和させるあらゆる技術を発見した黄帝の伝説は、がんらい西方のマルドゥク伝説のような季節祭の行事において演出されたと同じ意義をもったものらしいことに、読者も気づかれるにちがいない。

マルドゥク伝説の原本は、アッシリアの旧首都ニネヴェのアッシュルバニパル王（前六六九〔即位〕—前六二六年）の書庫から発掘された七つの粘土板にほられた文書で、現在は大英博物館に所蔵されている。前七世紀の文書ではあるが、説話の内容はずっと古く、紀元前二千年ごろまでさかのぼらせることができるだろうといわれる。以前から存在した多数の独立した説話を、相当長期間にわたってしだいにまとめ上げた統一伝説らしい。
黄帝伝説もたぶんこれと同じように統一伝説として、地方伝説を総合して形成されたと想像される。ただ中国では文化的英雄つまり聖人は、黄帝・顓頊・帝嚳・堯・舜などの五帝が数えられ、この天地創造の神話が五帝その他の聖人の事蹟として分割され、主題の物語りが五帝らについて繰り返して語られるようになってしまった。この伝説の総合と分化のあとをたどってみよう。

第五章　文化的英雄の誕生——三皇五帝

黄帝以前

中国の歴史家の父である司馬遷が信ずべき中国歴史の始めとして、そこから書きはじめたのは、黄帝・顓頊《せんぎょく》・帝嚳《ていこく》・堯・舜の五帝の本筋の歴史、つまり「五帝本紀」であった。その五帝の最初におかれた黄帝の事績については、普通の人間より優れた徳と才能とをもった人間、つまり聖人が、政敵を倒して天下を統一して皇帝に即位し、中国の人民を教化し、文化生活の基礎をきずきあげたように述べられている。

黄帝が敵国の君主蚩尤《しゆう》を打倒した経過をよく読んでみると、その戦闘の勝敗を決定したのは風と雨とを呪術的に支配する能力であり、とくに風を自由に駆使することは、金属の精錬、青銅の武器・容器の鋳造にとってもっとも重要な技術であるふいごと連想されていた。蚩尤も黄帝も金属器の製造の秘密をにぎっている新興の部族のあいだの闘争を象徴的に表現している。黄帝とその臣下たちが人間の衣食住に関する器物、技術、天文暦法などの自然現象に関する知識を発見したという伝承は、黄帝のなかに天地創造者としての神格がかくされていることを暗示するものであることなどを、前章では論じてきた。

しかしなにぶんにも聖人として表わされた黄帝においては、超人間的な神としての創造はかくされている。しかし黄帝以前から存在したはずの世界と人間は、どうして生まれ出たかという率直な疑問は中国の古代人も抱かずにはいられなかった。

司馬遷と同姓の唐代の学者司馬貞は、ふつうに三皇五帝と称される、五帝より以前の三人の皇帝の事蹟を『三皇本紀』に書いて、「五帝本紀」の前に補った。そのまっさきは「太皞庖犠氏」である。

この帝《みかど》の姓は風姓で、「燧人《すいじん》氏」なるものに代り、天つまり上帝をついで王となった方でおわした。と申すのは、母者にあたる華胥《かしょ》という女性が雷沢という大きな沼地をさまよい歩いて、ふと人間の足跡とは思われぬ大人つまり巨人の足跡を踏みつけて、急に身ごもって、成紀という地で太皞の帝を生み落したからである。この子は天神の精をうけたからであろうが、顔は人間そのままであるがふしぎにも肌はまるで蛇のように鱗が生えていたので、蛇身人面、半人半獣、もし蛇体が神に似ているというならば半神半人の怪物と申すべきであろうか。

だが、この半神半人はなかなか徳にすぐれ、頭をあげて天上の星座、頭をたれて大地の形勢から、鳥獣の羽毛のあやに至るまで、森羅万象の形を観察した。近いわが身体から、遠くは自然界の万物になぞらえて、はじめて、

☰乾《けん》　☷坤《こん》　☳震《しん》　☶艮《こん》　☲離《り》　☵坎《かん》　☱兌《だ》　☴巽《そん》

の八卦を大地の上に棒でかいて見せられた。妙《たえ》なる八卦のおかげで、神明《あらたか》な天上の神の徳が人間界にも顕現され、宇宙のあらゆる存在にひそむ精神をくみとることができるようになっ

た。これをもととして文字ができ、縄を結んだ約束ごとに代るようになった。男女が毛皮の贈物をとりかわし、結婚の式典をあげて家族を結成する、こういう具合にあらゆる社会組織の萌芽はこの帝の教えられたところだという。この帝の御代は、まだ網で魚を獲していたので、帝のことを宓犠《ふくぎ》氏と称したてまつった。またこの時に狩猟の獲物の獣を殺さず、これを庖厨《だいどころ》に養っておいて、神を祭るときの犠牲の用にあてることを思いつかれたので、またの名を庖犠と申し上げたという。

この半人半獣の帝の御代の出来事として伝えられているのは、人類がまだ狩猟・漁獲を生業とし、農業を知らなかった原始時代に、いかにして社会を形成していったかという過程を想像によってえがき出したものであった。

韓非子の発展段階説

人類が未開社会からしだいに文化社会に発展してきたという発展史的な観念は、戦国末期の思想家たちによってはじめて発見されたものであった。権力と法律による統治を主張した法家の系統にぞくする政治哲学者の書物、とくに『韓非子』がもっとも明晰な形でこれを述べている。

たとえば、

「上古の世は道徳を競い、中古は知謀を比べたが、当今つまり現代は気力を争っている」

といい、

「上古の世は、人民は数少ないのに、禽獣は多数であったから、人民は禽獣虫蛇に勝つことができなかった。ここに聖人が出現して、樹上に木を組んで巣をつくり、猛獣などの襲撃をさける策をたてたので、人民はこぞって帰服し、有巣氏と呼んで天下の王と仰いだ。またこの時代には人民は果《このみ》・蓏《くさのみ》・蚌《どぶがい》・蛤《はまぐり》を生のまま食べていた。腥臊《なまぐさ》い悪臭を発し、胃腸を傷害するので、人民に疾病がたえなかった。聖人がここに出現して木を鑽《きり》でこする発火法を発明し、生食を熟食にかえた。天下の人民はこれに帰服し、燧人氏とよび天下の王と仰いだ。

中古の世は天下は大洪水で、鯀《こん》・禹《う》などが水路をつくって、これを海に流した。

近古の世は夏の桀《けつ》王、殷の紂《ちゅう》王が暴政を行なったので、殷の湯王、周の武王が征伐して亡ぼした」

と書いている（五蠹篇）。

上古の世、現代の眼からすると未開社会のイメージは、韓非子がまったく個人の想像だけにたよって、架空でつくり上げたものではない。戦国の末期の中国本部には、文化的に落伍した少数民族がまだたくさん残存していた。とくに江南の地域には、中国の漢民族は一部の地方を除いてまだ進出せず、未開拓地帯であった。東方の異民族の夷族は、中国の漢民族が冠をきているのとちがって、被髪つまりざんばらで結髪せず、身体中に文身《いれずみ》をして、火食しないものがある。南方の異民族の蛮族は額に文身して、火食しないものがあったとされている。楚国の南、つまり現在の広東・広西地方には、まだ裸国というぜんぜん衣服をつけない原始民族や、人肉を食う習慣をもつ民族が住んでいたと、戦国初期の墨子がかたっているからである。

『三皇本紀』によると、太皞庖犠氏は華北平原の中央部の陳に都したが、東方の泰山に天を祭り、在位百十一年でなくなったという。その寿命は百十一年より十数年以上長かったはずであるから、たいへんな長命であったことになる。これはその伝説以外に、別に確実な史料にもとづくものではなかった。しかしこの帝が風姓にぞくし、春秋時代の任・宿・須句《しゅこう》・顓《せん》臾《ゆ》など風姓の諸国がその子孫であるという記事はじつは『左伝』などの記事にもとづいているから信頼できる。山東半島の基部に分布している風姓の諸部族国家が共同の祖先として祀っていたのが太皞という神であったのである。つまり東方民族の高祖神であり、天帝の後裔と考えられていたのであろう。これを、未開時代の中国社会を文化社会へ進める第一歩を印した文化的英雄として、三皇の第一位にすえたのは、別に歴史的な根拠があったわけではない。

こういう未開社会を、漢民族、当時のことばでいう華夏民族が、かつては経過してきた段階であるとして、燧人氏・有巣氏などという帝王がかつて中国本土に君臨していたとして、漢民族の発展史を構想した韓非子は、驚くべき進歩思想の持主であったといわねばならない。

司馬貞の『三皇本紀』は、この戦国末期の法家の発展史観とほぼ同時代の儒家の史観にもとづいて、『易』の創始者としての太皞庖犠氏を考えた点が少しちがっている。『易』との連想によって、天地創造、万物の創成を考えているが、このことこそ、開闢伝説の中国的特色にほかならないのである。

周易の大人という言葉

華胥という女が大人の足跡を踏んで、天帝の精を感じて懐胎したという感生伝説は、東アジアの各地に広く分布している。ここで「大人の足跡」を踏んだとする表現が注目される。中国の古代の君主には皇・帝・王の三つの称号がある。これらの号ががんらいどういう意味であったか、学者によって説がちがっていて、まだ定説はない。これらのほかに、やはり君主の称号で、さらに原義の不明なのが、『周易』によく現われる「大人」という言葉である。『周易』とはがんらいは筮竹《ぜいちく》という竹の棒を引く卜いの文句であった。日本の神社ではお神籤《みくじ》の筒をがらがらと振って、出てきた竹の棒についている番号をたよりに、かかげてある神籤の解答表のなかから該当箇所を探している参詣の信者を見うけることがある。『周易』の原始形はちょうどこの神籤の解答集のようなものにあたることは、故内藤虎次郎博士が唱え出された。秦漢以前の儒学者はこの解答集をとりあげ、儒教の形而上学の基礎となる経典にまでまつりあげた。

『周易』は、積極的《ポジチヴ》な運勢を示す陽を代表する一本棒と、消極的《ネガチヴ》の運勢を示す中央で二つに分れた棒を六本、組み合わせた六十四卦つまり六十四象徴についての運勢判断が基本となり、それにいろいろの哲学的な解釈がつけ加わってでき上っている。

その第一ページを開いてみると、第一のシンボルはすべて陽で「乾《けん》」と呼ぶ。その一本棒、易の術語では爻《こう》というのであるが、それがそれぞれにどんな運勢を表わすかという説明がついている。故内藤先生によると、易はもともとは六本のお神籤《みくじ》をひいて運勢を判断したもので、これはその名残りである。

䷀　乾

㈠ いちばん下の陽を示す一本棒、易の術語でいう初九は、地下に潜行している竜にあたる運勢である。陽の気がまだ地中に封じこめられているのだから、まだ積極的に活動してはならない。

㈡ 下から二番目の陽の一本棒、易の術語の九二《きゅうじ》は、竜が田のなかから首を出した運勢である。陽気がちょっときざしてきているのだから大人にお目通りを願ったら成功する。

㈢ 下から三番目の九三は、陽気がきざしてきたからといって、まだ安心できぬ運勢である。君子《くんし》たるもの、昼は終日勉強また勉強すべし。夜は夜で遊びに出るなどは堅く禁物、小心で翼々《びくびく》として過ごすべし。そうすれば災難がさけられる。

㈣ 下から四番目の九四は、竜が河の淵のなかで躍っている運勢である。竜が天に飛び上ろうとしてまだ淵でもたついているのだから、陽気になってきたが、まだ本格的ではない。これを心得て行動すれば、災難にかからない。

㈤ 五番目の九五は、竜が天に飛び立つ運勢である。陽気今や隆々たる有様であるから、大人にお目通りすれば、成功疑いない。

⑹　一番上の上九は、高上りした竜が、天に上ってはみたが、下りるに下りられず後悔している運勢である。人間はいつでも調子に乗りすぎてはならない。

などと書いてある。ここで二度「大人を見るに利あり」と出ている。これは今「大人にお目通りすれば、成功疑いない」と訳したが、大人という言葉が問題である。

第六の卦の、

「☰☵ 訟《しょう》というシンボルは孚《まごころ》がありながら、窒《ふさ》がれている状態を象徴している。だから一般的にこのシンボルについて卜う人は、びくびくして事の中途でやめると結果は吉であるが、最後まで頑張ると凶となる。大人にお目通りすると成功するが、大川を渡ると巧く行かないから用心が肝要だ」

と書いてある。『易』のなかには、大川を渡るによいか、わるいかという運勢を述べたところが十一ヶ所ある。これにたいして大人に目通りするよしあしを書いたのは七ヶ所ある。

中国古代の一般人にとって、長途の旅行は一生でそうたびたび経験することではない。旅行のなかでももっとも危険なのは、おそらく黄河をさしているのであろうが、大川の渡船であった。大人にお目通りするのは、これにおさおさ劣らないほどの大事件であったのである。

中国の従来の注釈学者はこの「大人」を君主の称号の一つと解釈してきた。ある学者は聖徳を具備した君主をさすとし、これにたいして徳の高い聖人にして君主の位にあるものの称号と解するものもある。『易経』に現われる帝・王・天子、または大君などがはっきり君主の称号であるのとは、多少ニュアンスが違っているからである。『易経』に現われる大人は、小人といわれる人民から畏敬されるような徳や才能の持主である、高貴の身分にぞくする人であった。

大人の国・大人の市

大人という言葉のほんとうの意味を知るのにたいへんいい手掛りをあたえる記事が『山海経』のなかにある。これには大人の国、大人の市というものがたびたび出てくる。その「海外東経」には、東南の海のはてに、

「大人国と申す国がございます。国民はそろって背が高く、坐ったままで船を漕ぐ習いだそうです」

といっている。背が高い巨人の国と、坐って船を漕ぐ習慣との結びつきが問題である。

「海内北経」のほうには、

「蓋国は鉅燕《きょえん》の南、倭《わ》の北にあります。倭は燕に属する国でございます。朝鮮は列陽の東、海の北山の南にあります。列陽も燕に属する国でございます」

といって、倭つまり日本と今の北朝鮮にあたる朝鮮に関する記事についで、渤海ないし東シナ海上にある列姑射《れこや》、蓬萊《ほうらい》山などという仙人の住むという空想的な楽園をあげた後に、

「大人の市も海中にあります」

と記している。『山海経』の注釈家が正当に指摘しているように、これは山東半島の東北岸の芝罘《チーフー》附近で春夏の交に現出する蜃気楼《しんきろう》から連想されたものにちがいない。この海上に浮か

ぶ宮殿楼閣に住む大人は船に乗って往来するはずだ。今の江南のジャンクの民のように、坐ったままかいを漕ぐ民が山東地方まで来ていたので、特異な航海ぶりをえがいたのである。

秦漢の交から発達した神仙思想を核として形成された道教の影響は、すでにここに引用した『山海経』の後半部の諸篇に強くあらわれている。大人の国、大人の市は、列姑射いわゆる藐姑射《はこや》や蓬莱山などと同列で仙人のすむ、東海上の不老不死の楽土と観念されている。この国にすむ人は、常人よりはたけが高い大人か、ずっと低い小人と考え、大人国と隣り合わせに小人国があるとも書いている。

市場は売手・買手が集まって、取引きが終ると散ってしまうから、固有の住人がないのが定期的に開かれる古代の市の特色である。大人の市と名づけられるのは、大人が集まって取引きにくる市場であったからである。山東半島の海の住民は、海上に現出する蜃気楼を見て、大人たちが船を漕いでやってくると信じていたのである。

折口博士の説によると、わが古代の海岸の村人は海をへだてた遥かな国、すなわち常世《とこよ》の国には、村の祖先の人びとの魂が死後そこに移り住んでいる。冬と春との交代する節季、すなわち新年または立春は、生魂・死霊がすべて解放され、遊離する期間であった。常世の国の住人つまり村人の祖先の魂がうちつれ立って、もとの海村に帰ってくる。魂の故国訪問は年ごとの稀な出来事であるから、村人は「まれびと」として、手厚く饗応する。祖霊はこれに感謝して、子孫の家の繁昌、家長の長命を祝福する詞をのべて、こころよく海のあなたの常世の国に帰還すると信じられていた。この信仰にもとづく行事は、帰化人によって道教のた。

神仙のすむ不死国の観念がもたらされる以前の古代日本の海村ではかなり広く分布していた。

海岸の民が山地に移住すると、信仰は一転して祖霊のすむ常世の国が山中に存在すると考えるようになる。まれびとである常世の神はすなわち海の神であったものが、常世の神すなわち山の神となった。

中国でも神仙のすみかとしての海上の大人国という道家的観念のまえには、博士の想定されたような祖霊がそのすむ常世の国から毎年に賓として故村を訪問し、ここに格《いた》るという信仰が普遍していたのであろう。大人はすなわちまれびとで、それは大人の市の住者でなく、時を定めてこれを訪れるひとであったのであろう。中国では大人の市は、また海村から山村、いな砂漠・草原の地に移される。

「大荒東経」には、

「東海のはてにある大荒《さばく》の中に山がございます。その名は大言と申し、日月がここから昇るということでございます。また波谷山と申す山があります。そこは大人の国でございます。大人の市がありまして、名を「大人の堂」と申します。一人の大人めが両耳をおっ立ててこの堂上に蹲《しゃが》んでおるからでございます」

といっている。このほうはゴビの砂漠で時々出る蜃気楼から思いついたにちがいない。

この大人の市は大人が堂のような高みの上にしゃがんで両耳を立てているのでその名をえたという。立っているのでなく、腰をかがめているのが、山東の大人が腰をかけて舟をこぐのと共通な点である。大人といえば、ひとはまず大の字、つまり大人というように、両手をさげて地上につっ立った巨人を想像するであろうが、このような常識に反した考え方には何かの根拠があるはずである。

海神崇拝と山神崇拝

折口博士は、海岸の民が山地に移住し、常世の国が海上から転じて山中にあるとされるようになった結果、神事をつかさどる部民にも大変化がおこったと想像される。博士の仮説によると、海村の住民のうち神につかえる神人の役にあたったのが海人《あま》部であった。山の神に仕える神人は山部にぞくする山人の群であった。

山の神は山から、天から平原の村に下ってくるとされるが、その下る場所が市であったとされる。農閑期の冬、山の神の祭りの日に市がたった。市とは神を接待《いつ》く場所《にわ》つまり神の接待場《いちにわ》から起こったとされる。山の神人である山人にぞくする山の巫女が山姥《やまうば》となって、市日に市に出て山姥舞いをまった。山姥つまり山の巫女は、神の代表たる子供つまり稚児を抱き守りする役であり、のちには神の妻ともなるべきものであった。多くは年たけた巫女があたるので、うばすなわち老女と考えられるようにもなったと解釈されている。

島国の日本とちがって、大陸国である中国において、とくに黄河流域の華北平原につづく西方の黄土高原に生成した古代中国においては、海洋に接する地域は、東端の山東半島の沿海地方の限定された小地方にとどまっていた。中国古代の祭祀を知る絶好の史料である『山海経』の原本的部分である「五蔵山経」には天下の名山五千三百七十山が登録され、それぞれの山に神、つまり山神がいつき祭られている。『山海経』と名はつけられているが、じっさいは『山経』であり、山神の祭祀に関する社寺記録といっても少しも過言ではない。

秦のころ、東方の山東半島をしめる旧斉国の八神のうち、天主・地主・兵主・隠主をのぞいて、陽主・月主・成主・四時主が、芝罘・萊山《らいざん》・成山・琅邪《ろうや》のような海岸の丘陵か低い山に祭られているのは、例外中の例外である。はじめて中国の全疆域を統一して、大帝国をつくりあげた秦の始皇帝と二世皇帝の時代ごろ、祭祀の対象となったのは、四岳・四瀆《とく》・星宿・風伯・雨師など数百祠に達するが、そのなかには海の神としては四海一つが数に加わるにとどまっている。

秦の始皇帝は東方の斉国出身の方士、つまり道教の呪術師にそそのかされて、東海の蓬萊山に不死の霊薬を求めるために大船団を派遣した。そのころから、山東半島海岸の蜃気楼から空想された海上の大人の市が、仙人どもの不死の楽園として注目を集めだした。しかしそれまでは海上に祖霊のすむわが常世国に対応する信仰がもしあったとしても、山東半島の東岸における東海の海神である黄帝の子禺虢《ぐごう》、その北岸における南海の海神、その子禺京《ぐきょう》にたいする祭りのような地方的なものにとどまっていた。中国では山神崇拝が海神崇拝を圧倒して優勢をしめていたと認められる。

前に引いた船をあやつる大人の住む大人国の北に、顔は人間、身体は獣で大きな耳に青蛇を環にしてはめた奢比《しゃひ》の神人が住んでいる。また両耳をはり、腰をおろした大人の住む大人の堂のそばには小人国があり、ここにも頭は人間、身体は獣の神人が住んでいる。少し離れて東方の日の出る湯谷《ようこく》のそばに、人面獣身で青蛇を耳環にはめ、犬のごとく耳をたてた奢比の神人がいる。またそのそばには五色まばゆい羽をもった孔雀のような二羽の鳥が向かいあって砂をついばんではすてている。帝俊の下友だそうで、帝の下ります場所にある二つの壇はこの二羽の鳥が管理しているといわれる。

この異伝から見ると、人面獣身で犬のような耳をした神人も、帝俊の下友なのではないかと想像される。下友とはがんらい天上にまします上帝であった帝が地上に下って、下帝として地上を支配するとき、地上において人間とのなかを仲介する使者のような役をつとめるものと解されるだろう。言葉をかえると、この人は地上における帝俊の代理者、つまり帝俊の名において、人間の祭りをうける神人であったのである。

この神人は犬のような大きな耳を立て、人面獣身の仮面、仮装をつけて祭場に現われるのであろう。そのさまは、大人の市の大人の堂に腰をおろして坐る大人が大きい耳を立てているのとそっくりである。大人の堂に坐る大人は、じつは、帝俊の下友である奢比の神人であった。これが他地方の伝説で、異なった身分・資格・名義で書かれているにすぎないと想像される。

自分の名を自分で命名した嚳

帝俊は五帝の一人である黄帝の玄孫で、帝顓頊についで即位した、黄帝の曽孫の帝嚳と同一人であるばかりでなく、五帝中の帝舜とも同一人だとの説を、甲骨文字の大家である王国維がとなえ出してから、証明の方法は多少訂正されはしたが、現在ではほぼ定説となっている。私はその結論をだいたいにおいて承認するものではあるが、夒・帝舜・帝嚳などは決して実在の人間ではなく、神であったこと、これらの同一は、神格としての同一であることを強調したい。

さいしょ王国維が殷墟卜辞で殷の王朝から高祖として祭られている夒にあたる甲骨文字を夋を指すと解釈し、夋とは五帝の第三番目の帝嚳の名であるから、卜辞の夒つまり夋は、『史記』の伝える系図などにも示されているように、殷王朝の祖先とされている帝嚳にちがいないと結論した。

王氏は後にその解釈を撤回して、夒は夋ではないとしたが、郭沫若の説は、夒が後に音が近い嚳に転化し、また一方字形が似ている夋と誤写され、夋はまた帝俊となり、さらに帝舜と転じていったとし、これを神話伝説の発展として説明したが、私はその取扱いの態度に賛成である。

『史記』に書かれている帝嚳の人となりについてもっとも注意すべきことは、

「帝嚳高辛は黄帝の曽孫であり、……顓頊の族子にあたっている。高辛は生まれたときから、不可思議な神通力をそなえ、生まれるなり、自分で名をいった」（五帝本紀）

という一条である。原文では「自らその名をいう」となっているが、これは赤ん坊が他人につけられた名を片言でしゃべったということではなくて、生まれるなり自分で自分の名をつけて、これを人につげ、大人どもをびっくりさせたということである。『史記』によるとその名は高辛であるが、西晋の学者の皇甫《こうほ》謐《ひつ》によると、

「みずからその名を夋という」

と書かれているから「わが名は夋」とつげたことになっている。帝嚳の名が夋だという説はこの西晋学者の説が最古である。彼は一体、何か拠るべき史料があって、かく主張したのだろうか。それとも『山海経』に十二ヶ所も出てくる帝俊というのが、古史にあてはめると帝嚳と同一人らしいから、これをその名と推定し、それをもっともらしく夋にかえたものでもあろうか。現在では判定しようにもさっぱり材料が欠けている。

私にとっては、帝嚳が生まれるなり、われとわが名を高辛といったか、夋といったか、そのことは問題外で、どんな名であってもよい。自分で自分の名をつけたということが、重要だと考えている。

司馬遷の『史記』などが伝える古代王朝、五帝や夏・殷・周三代の系図のなかで、殷王朝の系譜は殷墟の卜辞と比較して信用できる系図だと認められたが、夏王朝以前はまだ未確定である。殷の卜辞で高祖として祭られる夒すなわち帝嚳は、従来の文献でも殷人が祖先として禘《てい》の祭りをささげているというから、殷の神話的な高祖神にちがいない。それは殷という氏族が自分ら人間の祖先として敬う神であったのである。さかのぼりうるかぎりの最初の神である祖先だから、他人から名をつけられないので、生まれたとき自分で自分の名をつげたのである。

命名の意味

このことに関しても、日本の古代の伝説はよき暗示を与えてくれる。それは、柳田國男先生がかつて『一言主考』（一九一六年。『柳田國男全集』第二五巻、筑摩書房、二〇〇〇年）のなかで引用された、『古事記』『日本書紀』の伝える、雄略天皇が葛城《かずらき》山に猟して一言主神《ひとことぬしのかみ》と逢われたときの問答である。『書紀』によると、天皇が四年二月葛城山に射猟された。突然長《たけたか》き人が現われ、谷をへだてて向かいあった。その面貌容儀《かおすがた》、天皇とまったく瓜二つである。天皇はまさしく神にちがいないと思われたが、そ知らぬ振りで問いたもうた。「いずこの公《きみ》におわすか」と。長人は「われは現人神《あらひとがみ》なるぞ。まず王こそ諱《みな》を名のれ。その後に申さん」とこたえる。天皇は「朕《われ》は幼武《わかたけ》の尊《みこと》なり」とのたもうと、長人は「僕《やつがれ》は一言主の神なり」と名のりあった。そこでいっしょに猟をされ、日がくれるまで楽しみ、神は天皇の帰りを来目水《くめのかわ》まで送ったという。『古事記』によると、神は「われは悪事《まがごと》も一言、善事《よごと》も一言、言離《ことさか》の神、葛城の一言主の大神なり」と答えたことになっている。

原始人が姓名を自分自身と不可分に結合した実体と考えていることは、人類学者たちが未開人の調査によって明らかにした慣習である。生まれたとき授けられた実名は、中国や日本でいう諱《いみな》であって、王などの貴人はこれを秘密にしている。他人にこれを知られ呼ばれれば、本人が他人の自由になる恐れがあるとされていた。だから他人の名を「名のらさね」と強制する特権をもつものは、天皇のごとき高貴の身分にぞくするひとに限られていた。そこで現人神である葛城の一言主神と雄略天皇のあいだで名を問いあい、どちらから先に名のりをするかが争点となったのである。

名と人物とを同一視する傾向をもち、歴代の王朝が皇帝とその先祖の諱を忌んでその文字を廃毀するほどの禁令を厳格に行なっている中国である。古代では、同じ習慣がその呪術的信仰の本来の形で広く社会に行なわれていた。人格自体と同一視される本名は、それ故ひじように重要視され、巫により神意をきき、君主や氏の長者などから厳粛な儀式を通じて命名され、他人、とくに他族のものに秘密とされる。ところが殷人が最古の祖神とあおぐ帝嚳は誕生したときに、自分で命名したのである。これは帝嚳が天地根原の神であるという性格から必然的に導かれる属性といえるであろう。

殷王朝の根原神である帝嚳にあたる神格を日本の神統譜で求めると、天地のはじめ、高天原に成りませる神、アメノミナカヌシノ神、次いでタカミムスビノ神、次にカミムスビノ神にあたる。折口博士はアメノミナカヌシノ神の意義はよくわからぬが、他の二神は次のように説明できるとされる。

神が神としての霊威を発揮するには、神の形骸と霊魂とを結合させ、生きた肉体として活力をあたえねばならない。高皇産霊タカミムスビ、神皇産霊カミムスビの「産霊」とは、威霊を仕掛ける鎮魂の技術をつかさどる授霊者であったろうといわれる。これに対して中国の天地のはじめ、天上に生まれ出た根原の神である帝嚳は、自分で自分の名を名のったのであるから、自分で自分に授霊し、自分の魂を自分の肉体のなかに仕掛けたといえるであろう。

天地の根原である神はいかにして生まれたかといえば、そう考えるよりほかはないであろう。

根原的存在——混沌

老子は、

ここに物がある
混然として何が何だかわからない。
天地ができる前にもう生まれていた。
寂しかっただろうな。
ひっそりしてただろうな。
独りでしっかり立って、平気だった。
どこまで歩いても、あぶなくなかった。
それが天下の母だった。
私はほんとの名を知らない。
あだなをかりに「道」とつけてやろうかな。
少し無理だが「大」と名をつけてやろう。

と歌っている。それからどうなったのか、その問いにたいして、老子は、

道が一を生んだ。

一が二を生んだ。
二が三を生んだ。
三が万物を生んだ。

と答える。この発出論的な老荘の形而上学的思惟は、

始めに天地があった。
そこで万物ができた。
万物があった。
そこで男女ができた。
男女があった。
そこで夫婦ができた。
夫婦があった。
そこで父子ができた。
父子があった。
そこで君臣ができた。

という儒教の常識的な実在論の立場では、天地の根原はついに説明できない。天地になぞらえながら、天地のなかにあまねくはいりこんでゆく易の道を考えるほかはない。秦漢の儒教の学者は、天地つまり宇宙の存在の象徴である易は、まず混沌たる太極の気があり、それが分裂して両儀が生まれ、両儀が四象に分れ、四象が分れて、八卦が生まれるという発出論の

立場をとり入れ、天地開闢を説明しなければならなかった。

混沌と宇宙創成

老子のような宇宙創成についての形而上学的な解釈の根拠になったのは、戦国末期に口頭伝承の形で語りつがれていた天地開闢の神話であった。この神話の原形を譬喩的に寓話にしあげたのは荘子である。

むかしむかし南海の皇帝の儵《しゅく》と北海の皇帝の忽《こつ》が、あるとき中央の皇帝渾沌《こんとん》の国でめぐりあった。地もとの皇帝の渾沌は心から歓迎し、何から何までかゆいところに手がとどくように歓待してくれた。すっかり喜んだ南海の帝と北海の帝は、どうして中央の帝の好意に報いたらいいだろうと相談しあった。

「人間にはふつう七つの竅《あな》、つまり二つの眼、二つの耳、一つの口、二つの鼻穴があって、これで視《み》、聴き、食い、息をしている。渾沌さんはどういうわけか知らないが、可哀そうに生まれつき眼も耳も、口も鼻もなくて、顔中のっぺらだ。われわれの力で七つの穴をあけてあげよう。それが何にもまさる贈物だろう」

と、期せずして二人の意見は一致した。二帝は力をあわせて渾沌の顔面整形の大手術にとりかかり、毎日一つずつ穴を顔にあけていった。一週間目に見事人間らしい顔ができ上がった。やれやれと思ったとたんに渾沌の心臓がとまって、即死してしまった。

天地がまだ存在しないまえに、みずから本づけ、みずから根ざして、太古から厳として存在するもの、それが荘子の「道」である。鬼つまり死者の魂を神に化し、上帝を神にするものも「道」だし、天を生じ、地を生じ、天地ができる以前に生じ、上古より現在にいたるまで永遠に生きるのが「道」である。この根原的な存在は漠然としてぜんぜん定義することができないが、しかも確固として実在する。それがつまり混沌であった。

渾沌ののっぺらとした顔に七つの穴、目・耳・鼻・口をあけてやるという手術は、この混然とした不可思議な根原的存在を言葉で定義することを象徴している。主客に分れず、混然としてわけのわからぬ存在を定義し、規定するとともに、このすべてを包む根原的存在であった渾沌の渾沌たるゆえんの特色がなくなって、平凡な日常の存在に堕落するとともに、それは死滅してしまったのである。

この寓話は、しかし荘子が想像によって、架空で創造した話ではない。『山海経』には、「天山と申す山がございます。黄金と宝玉の産地でして、英水がそこから出で、西南に流れて湯谷に注ぎます。ここに一人の神がおります。その身体《からだ》つきは黄色の嚢《ふくろ》とでも申し上げたらよい変な姿で、満身火のような真赤の光りを放っています。足は六本で、手の代りに四つの羽が生えています。渾敦《こんとん》として顔も目もないのにかかわらず、歌舞は一人前です。この神は実は帝江と申す天神の世を忍ぶ姿と見えます」（西山経）といっている。この黄色い嚢のような形で渾敦として面目がない神こそは、耳目鼻口がなく、のっぺら顔の渾沌の神と同一神にちがいない。

人間世界の始まり

歌舞が上手だというこの渾敦は、じつは耳目鼻口のないのっぺら顔の仮面をかぶって歌舞する神人であって、天帝江の尸《よりまし》であったと見るべきである。帝江は帝鴻にほかならず、天地未分以前の混沌たる状態にある根原の帝の一名にあたるのであろう。この仮面神人が七つの穴をうがたれ、面目をそなえたところで突如として倒れ、そこで天地の分立、世界の創造が一段落をつけることを仕組んだ聖劇が演じられたのであり、これを知っている荘子が寓話に仕立てあげたのだと解釈される。

中国の天地創造の神話の原型については、今ではよくわからない。古代エジプトの世界創造神話では、神の父といわれる混沌についで、舌と心臓をもった造化の神が現われ、混沌の気から、精をうけついで口を開いて声を発すると、これに応じて男女の神々が生まれ出、天地が創造される順序になっている。古代中国では、渾沌が死亡して、その気をうけて帝嚳が生まれ、彼はみずからの名を発声するとともに、神々の名を呼んで生み出していったとみるべきであろう。

帝嚳の発声する神の独り言は、現実には神がかりになった巫女などの口を通じて神託としてかたられる。自己の姓氏をのべ、混沌から天地を分け、日月星辰・国土・山川・草木を創成することを託宣したのであろう。

殷民族の高祖神である帝嚳の名は俊といわれ、帝俊はすなわち帝舜と同一神であったとされている。舜は虞舜と称した。虞とは山沢をつかさどる官である。堯が舜の才能を試みるため、命じて山林に入らしめたところ、暴風雷雨にあっても道に迷わなかったといわれる。舜は古代日本でいえば、山部にぞくする山人の長であり、山人の祭る山神であったといえるであろう。舜の父は瞽叟《こそう》である。舜はつまり瞽師の子であったのだから、日本でいえば、山部の伝承をつたえる語部の出身なのである。

帝嚳は卜辞では夒と書かれる。夒は猿の姿をした一つ目、一本足の山神を表わしている。この夒という猿面冠者が上帝の命にそむいて、上帝の楽園の番人を殺し、不死の木の実を盗んだ罪によって、足に梏をはめられ、髪をつかんで山の木に逆吊りにされた伝説を最初に紹介し、この猿面の山鬼の行方をたずねてここまでやってきた。そして最後に、中国の山部の民である虞部族の高祖神である虞舜、五帝の一であり、聖人として『尚書』の「堯典」の主人公となっている聖帝にたどりついたのである。

第六章　神話の世界の消失

神話から歴史へ

中国古代の神話伝説については、神話伝説が信仰によって自身の生命をもちつづけていたときに、それをそのまま記録した文献はほとんど現在のこっていない。神話を裏づける古代宗教つまり呪術信仰がすでに死滅し、もはや原始的生命を失って形骸と化してしまった時代になってから、おもに正統の儒教学者たちが、儒教的な、倫理学・政治哲学・歴史哲学の立場から批判して整理し、『詩』『書』『易』『礼』などの経書のなかに取り入れたものが大部分を占めている。これらの不確実な後代の史料をもととして、さまざまな神話学・民族学的見地からの研究がばらばらに行なわれてきた。この不確実な史料をもとにした、いろいろの立場からの研究は互いに矛盾しあい、定説に到達することは困難であった。

これにたいして、呪術的信仰が現実に生きていた時代とくに殷王朝の、卜師が天神の意を卜い問うた卜辞自体は、神にたいする問いかけの呪文の性格をそなえており、これに現われる祖先神、天地山川などの精霊にたいする祭祀の実態は、宗教民族学の貴重な史料である。卜辞に現われる殷民族の高祖神、夒《どう》にたいする祭儀などをもとにして、確固たる根拠にたって検討を加えた。その結果、まれびととして、年ごと、季節ごとに山村に降臨する山神の、巫女の口を通じて下す神託に、その原型を求めることができた。

かくしてえられた中国古代神話の原型からみると、現在つたえられている神話伝説は余りに多大の変容をこうむっている。こういう変化がどうして起こったのかを次に検討してみよう。

世界はどうしてできたか。生物や人間はどうして生じたか。こういう疑問は、人間が知識をもちはじめるといっしょに、必ず抱く疑問である。現在では自然科学の発達によってかなり確かな解答が与えられるようになった。しかしいま大洋州やアフリカなどに居住している民族や、歴史に書かれている古代の民族たちは、このような疑問を科学的に解決するすべがないので、自然界と人間の始まりを超自然的な力をもった神のしわざとして説明しようとした。そこでいろいろのかたちの天地開闢伝説が考え出され、尊い権威をもった神話として語りつがれている。中国の古代人もある形式の天地開闢伝説をもっていたらしいが、文化の進歩するにつれて、わりあいに早く忘れてしまった。

それでも『史記』の材料をあさって司馬遷は全国を行脚して、民間で口づたえに語っている古代の伝説をたくさん採集して歩いた。司馬遷の生きていた前二世紀には、まだこういう古代の神秘的な伝説は多少は生きのこっていたのであるが、彼は伝説の神秘的な面をできるだけ切りすてて、人間の行動として理解できるようなことがらだけを歴史としてとりあげた。

孔子の合理主義精神

司馬遷がこういう態度で古代の伝説を整理したのは、彼が学者の典型として崇拝しきっていた孔子のやり方を模範としたからである。孔子は古代伝説にたいしてどんな態度をとっていたのであろうか。彼の言葉をあつめた『論語』のなかで、孔子はたびたび『書』の文句を引用している。しかし古代の歴史のことに関しては、堯舜時代や禹の夏王朝のあとの殷王朝についてすら、ほとんど言及していない。このことについて孔子は、

「夏の礼は、われよくこれを言うも、杞《き》（の国によって）徴《あきら》かにするに足らざるなり。殷の礼は、われよくこれを言うも、宋（の国によって）徴かにするに足らざるなり。文献足らざるが故なり。もし足ればわれよくこれを徴かにせんものを」（八佾篇）

といっている。この前半はちょっとわかりにくいので、武内義雄〔一八八六―一九六六年〕先生は、

「夏礼はわれよくこれを言《と》かんとせるも、杞徴《あきら》かにするに足らざるなり、殷礼もわれよくこれを言《と》かんとせるも、宋徴かにするに足らざるなり」（岩波文庫版『論語』三九ページ〔武内義雄訳注、岩波書店、一九四三年（改版）〕）

と読ませておられる。先生によると、孔子は夏の礼を説こうとしたが、夏の子孫である杞の国の文（記録）献（賢者）とによって証明することができない、殷の礼も同様にその子孫の宋の国によって証明することができなかったのだ、と解釈されるのである。

このことについて、中国の古代歴史学者として令名の高い顧頡剛《こけつごう》が名論文「戦国秦漢時代

に行なわれた歴史の虚構と批判」において明快なる論断を下している。顧氏の見かたは武内先生とはかなりちがっている。彼は考えた。孔子は夏・殷の礼をその後裔である杞・宋両国の史料によって証明せんとしたものである。それは立派な学問的態度といわねばならぬ。それなのになぜか、夏・殷の礼について「われはよくこれを言う」といっている。史料がないのに、なぜ歴史について語ることができるのだろう。これは読む人に疑惑を呼びおこさずにはいられない言葉ではないか。そこで武内先生のごとき読み方も生まれてくるのであるが、顧氏はここで一つの想像説をたてる。孔子の時代では夏・殷の故事《むかしばなし》については誰も思い思いに語っていたので、孔子すらもこの慣習を免れることができなかった。しかし孔子みずから改まってそれを正しい歴史として証明しようとすると、まこと正しい史料があるわけではないのだといわざるをえなかったのである。孔子が「われよく言う」といったのは、書かれた史料とか、それをうけついだ学者の確かな言によっていうのではない。ただ世上漫然と流布している伝説、つまり民俗学者たちのいわゆる口頭伝承をさしているのだとするのが、顧氏の考えである。

これによってはじめて、孔子の言葉の意味がよくわかる。世上に口頭伝承でつたえられ、孔子もこれによって語っている古代王朝の故事、それは実証性、つまり書かれた記録などの確かな証拠はないから、歴史ではない。しかし孔子は語られるのをきき、みずからも時には語ってもいたのであったのである。

『論語』のなかにはまた、

「子、怪・力・乱・神を語らず」（述而篇）

という、弟子たちの孔子についての回想を述べた文がある。

「僕たちが今思い出して見るのだが、先生はかつて、怪《ミステリー》・力《スリラー》・乱《はいとく》・神《ごりやく》の話をなさったことがない。よほどおきらいだったのだね」

とでも訳したらよいであろう。孔子にはまたこんな言葉がある。

「政《まつりごと》をなすに徳をもってすれば、たとえば北辰のその所にいて、衆星のこれを共《めぐ》るが如し」（為政篇）

という。天上の無数の恒星が、一つの小さい北極星を中心にして整然と円環運動をつづけているのを、敬虔な態度をもって眺めていた。そういう時の孔子はたぶん魯の国の現実の政治の乱脈さとひきくらべていたのであろう。天上の星の世界のすばらしい調和を見れば見るほど、深く感動せざるをえなかったのである。

燦然とかがやく星座の運行のような自然界の現象の、いわば整然とした法則性に注目した孔子である。人間界の現象でも、並外れたもの、異常なもの、神秘的なものよりは、むしろ普遍的なもの、正常なもの、合理的なもののほうに着目したのは当然であった。怪・力・乱・神について語ることをさけたのは、ほかにいろいろの理由もあるであろう。しかしなにより、物象の正常性、合法則性をとらえようとする孔子の合理主義的な精神にこそ、この根本的な理由があったといわねばならぬ。

古代王朝の故事

孔子がそれにもとづいて語っていた古代王朝の故事とは、具体的にはどんなものであったろう。それを示す実例がある。

孔子が活動していた魯の哀公の代に、魯国の土地の精である土神を祭る社が火災にかかって、社の中心として礼拝の対象となっていた神木が焼失してしまった。どんな種類の木をうえて代りの神木としたらよいであろう。迷った哀公は孔子の弟子の一人である宰我《さいが》にこのことを諮問した。

宰我は、

「夏后氏の世には、松をうえていました。殷国では柏をうえました。周国では栗をうえます。なぜ栗をうえるかと申しますと、栗は戦栗《せんりつ》の栗でして、社は人民をふるえ上がらせるほど厳かな権威をもたねばならぬからです」

と答えたそうである。この宰我の言葉の裏にはじつは鋭い政治的諷刺がこめられていた。古代では社の広場は君命にそむく罪人を処刑する場所でもあった。神木に栗をうえることによって、魯君を圧迫して独裁的な権力をふるっている季氏のような豪族こそ、ここで処刑すべきだという主張がこもっていると説く、漢代の注釈家がある。まさかそんな意味まで読めるものかと、この注釈を疑うひとは、言霊の幸《さき》おう古代人の表現法に無理解なひとである。わたくしは漢代の注釈家の意見は充分傾聴しなければならぬと思う。

この問答をきさつたえた孔子は、

「でき上がったことを、もう一度むしかえしてはいけない。君主がすでにやりとげてしまった事を諫めてもいけない。すべて過ぎ去ったことを咎めだてするのはよくない」と批判した（八佾篇）。なるほど季氏が前君の昭公を斉国に追放したことは大罪悪であった。しかし事件は決着がついたのであるから、この旧悪を今さらあばき立てるのはよくないというのが孔子の意見なのである。

孔子が宰我の政治的意図をもった応答ぶりに反対したのは、もう少し別の動機がひそんでいる。この正面の理由のほかに、社の神木の栗を戦栗の栗にこじつけて、もっともらしい理屈をつけた宰我の、もったいぶった発想法に対する反撥がかくれた動機をなしていたことを私は感じる。

夏の時代には社の神木に松をうえ、殷代には柏を用い、周代には栗をつかう。そのくらいの漠然としたいい伝えが、孔子の時代に語りつがれていた。そのような儀礼は伝統としてそのままに保存し、それにしたがってゆこうというのが、孔子の基本的な立場であった。それ以上無理なこじつけや理論づけは必要でないとするのでもあった。

樊遅《はんち》という弟子から「知とは何ぞ」という問いをうけた孔子は、

「民の義を務め、鬼神を敬して遠ざかる、知というべし」（雍也篇）

と答えている。政治にたずさわるものの心掛けとしては、何よりも国民に道徳的に何が正義であるかを自覚させ、それに従って行動させることだ。鬼神のような超人間的な存在にたよるのはよくない。それはそれとして敬意を払うべきではあるが、これに近づき、これを迷信してはいけない。こういう態度をもち、それによって物事を判断するのが知というものだと説いているのであろう。知と不可知とを判別し、不可知をさけて、可知によることが知だという、合理主義的立場を表明しているのである。

孔子がしたがったのは、夏・殷・周の三代の礼の伝統であった。この三代以前のことがら、たとえば黄帝などの名は一度も出てこない。五帝中では最後におかれた堯・舜がやっと言及されているだけである。

『論語』における堯・舜

孔子が堯・舜について述べている言葉、たとえば、

「仰げば巍々《ぎぎ》としてげに高大なるかな、舜・禹の帝《みかど》の天下統治。そは自ら求めて得たるに非ずかし」

などという言葉などは「子罕篇《しかん》」の篇末に近いところにおかれている文章である。また『論語』二十篇の最後尾の篇である「堯曰篇《ぎょうえつ》」にも帝堯と舜の言葉がのせられている。

孔子の弟子や孫弟子などが、孔子の死後、彼らが大切に記憶していた孔子との問答の文句を編集して、『論語』という本をつくった。そのころ中国は紙の発明以前で、絹の布に文字を書く習慣もまだほとんど知られていなかった。中国人は竹や木を削って薄い細長い板、漢語の竹簡・木簡の上に字を書き、これを布や草でつなぎ合わせた巻物を書物としていた。新たに訂正したり、書きたしたりするときは、巻物の終りに、竹・木簡をつなぎたしてその上

に書くのがつねであった。巻末つまり篇末はこういうようにして後世に書きたし、つけ加えられた文章が多いことは、恩師内藤虎次郎先生が私どもに教示されたところである。また本の最後尾におかれる篇も、同じような理由で、原著者でなくその弟子などが後世につけ加えた巻である場合が多かった。こういう事情からすると、孔子が堯・舜などについて語った文章は、孔子の弟子がはじめて孔子の言葉を竹簡・木簡の巻物に書きしるしたときから、だいぶ時がたって、孔子の孫《まご》弟子か、さらに後の曽孫《ひまご》弟子以下が書き加えたものであるとも考えられるであろう。

『論語』のなかの、孔子が堯・舜について述べた言葉は、原本の『論語』になく、後で附加された部分だという考えは、恩師内藤虎次郎博士が早くに説かれていた。それなら、この附加はいつごろ起こったのであろうか。孔子が古い歴史を知る材料としてもっともよりどころとしている『尚書』自体も、漸次書き加えられていった。内藤先生は、その過程をたどることによって、これに応じて『論語』の部分が附加されてゆく経路を明らかにしようとされた。

前六世紀に魯の国に生まれ、その君に仕えた孔子は、魯国の先祖である周公の制度を復活するのを政治の理想とした。その史料としたのは『尚書』中の周公に関する記録を中心とした「周の書」の部分であった。孔子のころには、書かれた歴史の材料としては『尚書』のなかの周公に関する記録しかなかったのが、その後しだいに附加されていった。孔子とその門人は、はじめ周の統をうけた魯国を王とする考えであったが、のちに、孔子の先祖が宋の国からの亡命貴族であった縁故によって殷を尊ぶ思想ができてきたのである。

『尚書』の「商の書」の一部はそれより以前に『尚書』にさし加えられたのであろう。これにたいして、孔子の死後墨子の一派が流行し、夏朝の禹王を推尊するようになった。これに対抗するために孔子の教団は堯・舜の伝説をつくって墨家と対立し、『書』の「堯典」などを篇中にいれた。その後戦国時代がすすむにつれ、堯・舜以前の黄帝・神農を偶像として、学説をこれに託する医学・農学の説まで出てきたが、儒家は、これに応じて堯・舜・禹より古い世代に関した史料を『尚書』の一篇として取りあげることはしなかったのである。

『楚辞』の原型

孔子によって、怪・力・乱・神の要素をふくむために、古代王朝の正統の史料としてとりいれられなかった、瞽師や巫師、古老の口からつたえる呪文・託宣・物語りなどは、戦国時代の終りから漢初まで口頭でかたりつがれてきた。

儒家の批判者である道家の老子・荘子がこの口頭伝承をとりいれ、独自の発出論的宇宙創成論を展開したことは、すでに前章に述べたとおりである。老荘学派の口頭伝承の無批判的なとり入れ方に反対して、懐疑の立場にたったのは、戦国末期南方の楚国に育った愛国詩人屈原であった。

『楚辞』とよばれる彼の遺詩を中心とする楚国の詩集のなかに、「天問」とよばれる一篇がある。讒言のため主君の懐王に追放された、忠義あふれる屈原が山や沢をさまよっているうちに、ふと昔の王様の廟に通りかかった。見ると壁には天地・山川・神霊や昔の聖人賢者から怪物までの図があざやかに残っている。詩人にして学者である屈原はこれを見るうちにいたく興味をそそられ、一つ一つの絵に短い詩で題を書きつけた。これが「天問」の篇であるというのが、古い注釈家の説である。

この一篇がいったいどういう性質の文学で、どうしてできたか、いったいだれがこの本の著者なのかなどという問題について、楚辞学者たちのあいだではげしい議論がかわされ、今もって一致点に達していない。はてしない論争史にまきこまれるのをさけ、端的に本文を読んでみよう。「天問篇」は百七十二個の謎かけの疑問文からできている。その第一問は、

邃古《すいこ》の初め、誰か伝えてこれを道《い》うか

といっている。この問いかけは、わが民間の謎かけの形式だとしたら、

昔し昔しのその昔し、いったい誰が話してくれたの

とでも訳すべきであろうか。しかし原文の語気はずっと重々しいから、これでは少し調子が軽すぎるようである。第二問は、

上《てん》（天）下《ち》（地）はいまだ形あらず、何によってこれを考えん。

第三問は、

冥《よる》も昭《ひる》も、ただ瞢《くも》り闇にして

たれか能《よ》くきわめん。

第四問の、

憑翼《もやもや》としてただ像のみにして

何をもって識《し》らん。

第五問・第六問の、
明《ひる》は明らかにして闇《よる》はくらきは
これ何の為《な》せるわざか
陰と陽と天と三つ合するというが
何が本で、何が化であろうか。

となるとますます調子は重々しい。それは軽い謎の問いかけでない。藤野岩友〔一八九八―一九八四年〕博士が名著『巫系文学論』〔大学書房、一九五一年〕に正当に指示されたように、これはまさに懐疑的態度から発想されている。それはまさに詰問の諺であった。

太古の世界の始まりについて、のっぺら顔の混沌というおどけ物がいて、耳目鼻口の七つの穴をあける大手術をうけて、ころりとまいって、そこから天地ができてきたという伝説がある。この太古の人間がいないはずの世界の出来事を、どうして自信をもって、もっともらしく、おかしくおしゃべりできるのだろうというのである。

天も地もまだ離れずいっしょになって、空漠としていたというが、そんなことを何を根拠として、証明できるのだという。その語気はきわめて鋭いものがある。

楚国の腐敗した政界に憤激する屈原はまた、現実には不可能である神話の伝承を、そのままで承認することはできない。政治の不合理と同じように、神話の不合理にも正面から痛烈な攻撃を加えたのだといえる。

これらの点について、私は藤野博士の所論にまったく同感であるが、この「天問篇」をすぐ、神に天意をたずねる占卜の文章が原型であるとされた結論には、遺憾ながら賛成できない。「天問篇」の原型は民間に行なわれていた天地創造にはじまり、古代の帝王聖者の故事を謎かけのかたちで述べた、わが国の「なぞなぞ物語」のようなものであったろうと想像する。私が第一問を謎かけの軽い調子で訳してみたのは、別にふざけたわけではない。原型は「なぞなぞ」に出ながら、それが屈原の合理主義的思惟によって、どれほど変形されたかを示してみたかったからであった。

「天問」は素朴な古代伝承の「なぞなぞ」ではなくて、現実の不合理にたいするきびしい懐疑論に基礎をおいた詰問の文学であったことを、藤野博士とともに私も強調する。この意味では青木正児〔一八八七―一九六四年〕博士が、これを、

そもそも太古の初めの事を
誰が言い伝えたであろうか。
天地が未だ形を成していないのに
何によってそれが考えられるであろうか。
冥《やみ》と昭《ひかり》といりまじって見わけられないとしたら
誰がその区別をきわめ得るであろうか。
もやもやとしてただ気象ばかりとしたら

どうしてその形が識れるだろうか。
明《ひかり》を明とし闇を闇として区別したとすれば
そもそもそれは何者がしたのであろうか。
陰と陽と天と三つが会合して万物を生じたとすれば
何が本原で何が変化であろうか。

という調子で訳されたのは、楚辞文学の本質を捕捉された名訳だったといわねばならない。

神と人との問答

しかし、「天問篇」の百七十二の疑問文の全部がこのような重苦しい詰問なのではなく、もう少し楽々と発想され、わたくしが、屈原のもとのモデルであったろうと考える「なぞなぞ」に似たものが出てくる。次の第七問・第八問が、

天は圜《えん》にして九重なりという。
誰かこれを営度《せっけい》せしか。
つらつらおもんみるに、げにたえなる工《わざ》なるかな。
そもそも誰か始めてこれを作れるか。

といって、九重につくられた円形の天の構造の設計と施工との妙を嘆賞して、いったい誰がこの設計者、建設者なのかと問う段になると、詰問の語調はずっとやわらかになってくる。さらに第九問以下になると、

天の斡維《じくうけつな》は、どこにつながれ
天の両極はどこにおかれ
八つの柱はどこに当たり
その東南の柱だけはなぜぬけてるの。
九天の境界は
どこまで至り、どこにつづいているの。
その隅々は数多くあるというが
だれがその数を知っているの。
天はどこで重なりあっているの。
十二の星宿はどこで分れているの。
日月はどこにつながれているの。
星座はどう配置されているの。

などは、もう不合理をといつめる気分はまったくなくなっている。弟子が老師の前で天文学の知識をおさらいしているといっても少しもさしつかえないではないか。

太陽は朝に湯谷《ようこく》を出発して
暮には蒙汜《もうし》に泊まるというが
朝から晩までに
何里ゆくことになるの。

になると、太陽が人間のように車にのって東から西に旅するというが、そんな長途が一日で可能なのかという、軽い懐疑が現われはじめるが、それも強い詰問とはいえないであろう。

お月様はなんの功徳で
死んではいつも生まれかえるの。
なんの御利益があって
お腹に兎をいれているの。

…………

どこを閉じると日が暮れて
どこを開けると夜が明けるの。
東の空が明けないまでは
太陽はどこにかくれているの。

なども幼児の謎の原型にずっと近いではないか。

天地の創造、宇宙の構造、神々の功業、相互の闘争などをおもな対象とした謎は、がんらいどういう意味をもっているのであろうか。神が巫女などの口を通じて人間にあたえる神託は、永く忘れないで記憶するため、機会あるごとにくりかえし語られる。とくに神託中のもっとも大切な部分が短く語調のいい文句として引き出され、諺として子孫に教えこまれる。長い文章を暗誦することはかなり困難であるが、問答体にするとずっと覚えやすくなる。こういう便宜もあって、神託は往々にして神と、神に奉仕する者つまり巫女などとのあいだでとりかわす問答体に発展することがある。これが謎の原型と推定されている。「天問」のモデルとなったのは、神と人とのあいだでやりとりされる問答に由来する謎であったとみてよいであろう。

古代中国人の宇宙観

この謎の問いには解答がついていないので、解答は『山海経』『荘子』『淮南子』など、とくに最後の『淮南子』のなかの天文学的・地文学的知識をまとめた「天文訓」「墬《ち》形《けい》訓」二篇がもっともよい参考書である。正式の解答がついていないので、参考書だけでは、現在では解答の手がかりもつかめない点があるが、注釈家の研究でおよその見当だけはついている。

中国の古代人は天を半円形をなした傘のようなものだと考えていた。星座が北極星を中心として、整然と円環運動をしていることから、そう想像したのであろう。北極から目に見えない地下の南極の間に軸がはまっていて、大きな維《つな》が傘と極点の軸をつないで、これをぐるぐると廻している。もとの神話ではきっとこれの廻転をつかさどる神人があったにちがいないが、屈原の時代にはもう忘れられてしまったらしい。

よくわからないのは、傘のような天が九重になっているという考えである。九天ともいっているから、大地は九州に分れているので、それに応じて天も九つの分野ごとに別の天があるという考えももっているらしいが、九重という表現とは結びつきにくい。北極の頂点に唯一の至上神である帝が坐っている。そこには地上の宮殿より立派な宮殿が造営されているはずだ。それは円形をなした九重の城壁にかこまれているという構想だそうである。これが九重にかさなった花傘のごとく軸を中心にして綱でゆっくりと廻されるとは、なんと間が抜けた、しかし雄大な中国人の感覚ではあるまいか。

天は大地に立てた八本の柱でささえられているが、柱は天とうまく合っていないところがあって、東南の柱が欠けている。「天問」のもう少しさきのほうで、鯀《こん》と禹の父子が洪水を治めて一度失敗し、ついに成功したことについて問題にしたところで、

康回《こうかい》さまのお腹立ちで

地面がどうして東南に傾いたの。

といっている。康回つまり共工が帝顓頊とけんかをおっ始めた。彼がおこって大暴れしたはずみに、西北の隅柱の不周の山にぶつかった。なんという大力であろう。天をささえるこの柱がぽっきり折れ、天が西北の方にぐらりと傾いた。これにつれて天上の太陽もお月さま、お星さまもみないざり、大地の方は逆に東南の方がへこんだので、溜っていた水も砂ぼこりもどっとそちらへ流れだすという大異変が現出した。この問いにたいする答えは、この伝説をふまえて、

とんだけんかのとばっちり

不周の柱がぽっきり折れた。

とでもすべきところであろう。

月のなかにすむ生物

月が何のために兎をお腹にいれているのかという問いについては、通説によって訳していたが、じつはこれにたいしては、国民党の特務機関のため暗殺された故聞一多教授のすばらしい新説をぜひ紹介しておかねばならない。われわれは子供のときから月に兎が住んでいるという伝説をきかされてきたので、「天問篇」に月がお腹にいれているという顧菟《こと》を兎と解釈してきた。ところが中国では、月の表面の陰影を兎であると解釈して、兎が月にすんでいるという伝説は、漢代の後期にやっとできた説である。それまでは蛙、または科斗《おたまじゃくし》と解する説が行なわれていた。漢の華山の少室神道闕という石に彫ったレリーフには、臼をつく兎とともに月の中に蟾蜍《せんじょ》という尾がはえた蛙《かえる》の一種がえがかれているのは、もっともいい例である。

聞教授は発音上から「天問」の顧菟《こと》は本字ではなくて、蟾蜍のあて字にすぎないことをいろいろの証拠をあげて証明していられる。複雑な漢字がたくさん出てくるので、ここでは省略して結論だけをかいつまんで述べる。蟾蜍が蟾菟と書きかえられ、この熟語を二つの字にわって、蟾と菟が、さらに兎が月の中に住むという伝説に発展したのだそうである。

古代の自然哲学では月は陰陽の二気のうち陰気を代表し、水をかたどると考えられていた。月の盈虚《みちかけ》が海洋の潮汐と密接に関係していることは、中国の古代人も早く気づいていたから、この連想ははんさな陰陽哲学の影響のもとでできたのでなく、もっと原始的な信仰から出た素朴な思考によってできたのである。

水の精である月の中には、月と似て白色で円い形をした蛤《はまぐり》、漢語の蚌蛤《ぼうこう》が住んでいて、それが月とともに大きくなったり、小さくなったりするというのが、月にたいして古代中国人が最初にもっていた神話である。

『楚辞』では、太陽がギリシャのアポロの神のように馬車に乗って、湯谷を出発し、一日のうちに天上を一周すると信じていた。これにたいして、月も望舒《ぼうじょ》という御者の駆る馬車に乗って夜天上をかけるとされたが、この語がじつは蚌の一名である方諸《ほうしょ》から転訛したのだそうである。蛤《カフ》の古音を二字に写しかえると蝦蟆《カバ》、つまり蟾蜍になった。戦国後期の屈原も、月の中に蛙かおたまじゃくしがいるという第二次的な神話のほうを信じていたのである。おたまじゃくしから蛙に変化する過程、それは月が一ヶ月の間に大きくなって、また小さくなること、つまり月の生死と連想される。だから月についての問の「兎」を「蛙」にかえて、

お月様はなんの功徳で
死んではいつも生まれかえるの。
なんの御利益があって
お腹にかえるなんぞいれてるの。

にたいする解答は、

あとからあとからわいてくる
お玉じゃくしを放したからよ。

お玉じゃくしに尾が生え、足がはえ
　生まれかわったからなのよ。
とつけたらよいであろう。

神話の命脈

私はおもに聞一多教授の『天問釈天』（一九三三年）という書物の天に関する部分からの注釈を参考にしながら、『楚辞』の神話を解説してきた。英国に留学して英文学を学び、比較神話学・宗教民族学にたいする深い教養を身につけた聞一多は、晩年屈原の『楚辞』の研究に熱中した。きっと『天問釈天』のような詳細で完備した注釈を『楚辞』の全篇につけるつもりだったろう。

一九四六年七月十五日、心ない蔣介石の手先の放った拳銃に昆明大学の教壇を朱にそめて、四十七年の生涯を閉じられた。教授がこの世に生きておられたら、今ごろは少なくとも「天問」全篇の注釈ぐらいは完成していたであろう。残念ながら、今では断片的な注釈が遺著として出版されたにすぎない。文学史には素人であるわたくしには、とても教授の手をつけられなかった部分について、みずから解説をすすめる自信がないから、『楚辞』の神話についての説明をここで打ちきりたい。

聞教授の注釈をよむと、屈原が楚国、とくに湖南地方の民間で熱心に信じられていた巫師や卜師のかたりつたえる豊富な民間伝承をいかに巧みに生かして、『楚辞』という中国最大の長篇詩にまで昇華させたかという過程を理解することができる。

南国の屈原は固有の儒教学者とはいえないが、すでに神話の展開する天地開闢説の神秘主義にたいして、致命的な批判を加えている。神話はこれらの多方面の批判によって、戦国末にいたって、知識人からはしだいに見捨てられはじめた。

戦国後期は、それまで口頭で語りつがれてきた神話伝説が、それを成り立たせている呪術や信仰の支えを失って、『荘子』などのごとく寓話化され、あるいは屈原などによって、その不合理性が批判をうけながらも、やっと伝説として命脈を維持していた。この時点をこえると、神話伝説はしだいにその本来の超自然、超人間的な神秘性と不合理性をはらいおとして、ふつうの人間が過去に現実に行なった歴史へと転化の歩を速めていった。

さきに原文を引用した『楚辞』天問篇の最初の部分は、知識人によってしだいにゆがめられ、はては不合理であるがため、神秘的であるがために、しだいに忘れられ、崩壊せんとする直前の固有の天地創造にたいする神話の姿を想像させる。その名を問われている天地の創造者は誰であるか。前章までに論じたように、最初に自生した天地根原の神、それは部族によってその神名を別の名で伝えているが、口を開いてその名を呼ばう声に応じてもろもろの神々は生まれ、天地もこれにつれて出現したとするものであったろう。その根原神が一人称で語る神託、それが基本となって口頭で伝えられ、古代文学の詞章がさまざまの形態に分化していった。

神々による中華世界帝国の統一

「天問篇」は、古代中国世界では、揚子江流域に立地した唯一の蛮夷の国であった楚国の王族の屈原の作品である。その保持する開国伝説は屈原が「離騒篇」で歌い出したように、

わが家は高陽の帝《みかど》の後裔にして
わが父君は字《あざな》を伯庸と申された。

といっているが、五帝では黄帝についで二番目におかれた帝顓頊《せんぎょく》も高陽氏であった。

楚国は、春秋時代では、武力においては黄河流域の華北平原つまり中原の文化国、そのころの上国、あるいは諸夏、つまり夏王朝の後裔の国々にたいして、南裔の蛮夷の国にすぎなかった。しかし楚国のつたえる建国伝説によると、楚の先祖は帝顓頊である。顓頊は黄帝の孫、昌意の子であるという。南蛮の国で、おそらく北方の諸夏民族とは系統を異にする異民族であったはずである楚国の先祖の帝が黄帝の孫となっている。のみならず、戦国時代になってしだいに開発されてきた辺境の東夷・北狄・南蛮・西戎というような異民族をも諸夏民族の仲間に入れて、大統一した中華世界国家の実現を目ざす動きがみられる。この夷狄蛮戎は必ずしも厳密に東西南北の四方に居住する民族ではなく、その分布はずっといりくんで混雑しているのを四方に配置したところに、地理的世界を統一化する意識がはたらいているのである。こういう歴史的背景のもとで、黄帝の二十五人の息子たちが、それぞれ姫・酉・祁・己・滕・蔵・任・荀・僖・姞・嬛・依の十二の姓の部族の祖となったという伝説ができた。顓項が黄帝の曽孫だという話も、中華民族の統一の過程でつくられた伝説であろう。

顓頊の孫の重黎が五帝の三番手の帝嚳高辛氏につかえ、火正つまり燃料局長になり、帝から祝融という名をたまわった。祝とは人が神に申し上げる言葉である。この役目は人間と神との間を仲介するので、日本の中臣氏のようなものである。きり火をおこし、これを保つことは神聖な役目であったので、祝の役目をもらって祝融と名のったのである。殷王朝の高祖神である帝俊、夔、帝舜と同一神とされる帝嚳につかえたとする伝説のほうは、先祖が黄帝の子孫であるとする伝説よりもずっと古く、遅くとも殷代末期に、殷文化が武漢地方に浸透しはじめたころにできあがっていたとおもわれる。

共工氏が乱をおこしたとき、重黎は叛乱の鎮定を命ぜられたが、処置が悪かったため帝に死罪に処せられ、弟の呉回が役をつぎ、火正となり、また祝融をも号した。呉回の子の陸終は鬼方氏の妹の女嬇《じょかい》をめとった。懐妊した夫人の横腹がさけて六人の子供が生まれた。昆吾・参胡・彭祖《ほうそ》・会人・曹姓・季連で、その子孫はおのおの部族をなし、六国の開祖となった。最後の季連が楚国の先祖にほかならない。このような異常な出産のしかたで、人間の祖先、とくに部族の始祖が誕生したという伝説は、世界の各国に分布している。女嬇が六児を坼《たく》剖《ぼう》して生んだという物語りは、儒者たちが怪・力・乱・神にみちた説として排斥してきた伝説であるが、怪・力・乱・神にみちたところが、文明社会以前の呪術信仰にみちた前代の社会の神話の特色であった。古代中国の南方の辺境には陸終の六つ児の子孫だと信じ、同一民族から出た姉妹部族の建てたと自称する国々が分布していたことは事実であった。そしてこれらの同一血族意識をもつ異民族の部族をさらに大きな中国民族に大統一するために、黄帝伝説が大きな役割りを果たしたのである。黄帝伝説のこの部分ができ上った時代は、戦国末期まで下るとみるべきであろう。

曹姓の後裔は、山東省の魯の隣りに邾《ちゅ》国を開いた。邾国は周公の後裔である魯国とは似つかない蛮族の国であったのである。その君主が製作した青銅器がいくつも発掘されたが、それには、「陸終の孫邾公」と書き、陸終を祖先として祭っている。邾は「鼄」と書かれている。

トーテミズム

未開人は、動物を人間の仲間として取り扱う。彼らの伝説にはたびたび動物が顔を出してくる。特定の部族は特定の動物と血族関係にあり、その動物は部族の先祖であるから、自分たちと異身同体であると信じ、共食いになるからといって、絶対にその動物を食用に供することを禁じている。これをこの社会集団のトーテムと呼ぶ。この集団にぞくするもの、つまり同一トーテムをもつものは互いに結婚しない習慣をもつことが多い。このきわめて特徴的な社会制度は、最初に北アメリカのインディアンに発見されてから、オーストラリア、太平洋諸島、インド、アフリカなどの各地の未開民族のあいだに似た制度が存在していることがわかった。社会人類学者たちはこれをトーテミズムと呼び、未開人の民族社会のある基本型をなす社会組織であり、また高等宗教以前の呪術信仰の一つの定型を示すものとして、ひじょうに注目した。トーテミズムがどれほど世界の各地に分布し、未開社会につづく古代文明社会にどんな影響を与えたかは興味の深い問題である。古代中国社会にトーテミズムが存在したかどうかは、中国の古代史にとっても大問題たるを失わない。

中国の神話のなかにトーテミズム信仰の表われは見出せないであろうか、それが当面の問題である。もともとトーテミズム制度は同一トーテムをもつものはたがいに結婚しないという外婚制と、必然的とはいえないが、ともかく密接に連関をもっている。中国の社会は歴史時代にはいってから、とくに周王朝以後、同一姓に属する氏族成員は絶対に結婚しない慣習を確立させた。そして後世にいたっても、本妻でなく妾をめとるときすら、もし素姓がよくわからない場合には卜師にその姓を卜わせるというほどであった。外婚制は中国社会の厳粛にして、絶対違背をゆるさない結婚習慣となった。

中国に特有な厳格な外婚制度は、古代から未開時代までさかのぼらせることができ、トーテミズム信仰との並存関係を見出すことができるならば、世界の人類学にとって大きな寄与をあたえることができるでもあろう。

中国の外婚制は、同姓はめとらずという原則の上にたっている。族外婚の単位である氏族の名であった姓は、姫・姞などという例でもわかるように、多く女へんをつけている。

中国の漢字は秦漢時代に整理され、現在の漢字の基本体が篆書・隷書の形で固定した。西周や、それ以前の殷代の甲骨文字や金文などでは、現在のような偏旁《へんつくり》から成る文字は、あまり現われていない。秦代以後にできた漢字の姓が女へんをつけているからといって、周代以前の漢字の原型がそうであったとはいえないことがある。ただ姓の場合は甲骨文・金文でみても、好・姜・妊・婐・姘・姝のように女へんをつけたものが圧倒的に多いことである。この点から、中国の姓は、トーテミズムの信仰をもっていた母系氏族の表識であるという解釈も生まれるであろう。

古代中国にトーテミズムが存在したかどうかという問題にとって、かなり重要な手がかりとなるのは、中国の古代伝説のなかに出てくる神人が人面獣身、人面鳥神、人面蛇神など、半人半獣の形態をとることが多いことである。『山海経』のなかの神人にこういう異形のものが多いことについては、第一章に紹介しておいた。

伏羲と女媧

また、司馬貞の『三皇本紀』によって、太皞庖犠氏の伝記を述べた。庖犠《ほうぎ》はまた伏羲《ふくぎ》とも書かれる。伏羲をついだ第二代の皇は女媧《じょか》氏であったが、彼女も蛇身人首であったとされ、第三の皇である神農氏は人身牛首と伝えられている。

このうち伏羲と女媧とは夫婦であったという説と、兄妹であったという説が古代にとなえられている。中国の南方の苗族と傜人などの少数民族に広く分布している洪水伝説をしらべると、伏羲と女媧とは大洪水に生き残って葫蘆《ひょうたん》の中から誕生した男女兄妹で、結婚して子孫を生み、人類の始祖となったとされている。「天問篇」にも、

登し立てて帝としたのは
誰が導いて尊崇したの。

伏羲と女媧（『絹絵伏羲女媧図』、新疆ウイグル自治区トルファン古墓出土、唐時代、7世紀、天理大学附属天理参考館蔵）

女媧の人頭蛇身のあの肉体は
いったい誰が制作したの。

といっている。ある説によると、世界が大地震・大洪水でひっくりかえってしまったので、女媧が五色のふしぎな石を錬り固めて、蒼天の欠けた所に補充し、鼇《おおがめ》の足をきって四方の柱とし、蘆の灰をつんで堤防として洪水を防いだといわれる。

この話は、第三章に述べたマルドゥクが、退治したティアマトの死体を貝のように二つに割り、一方の半分で天空、他方で大地の支柱をこしらえ、また水の表面に、そだをくみ、土ぼこりをつくって、そだでかきまぜて大地を創成し、人間の住居としたという天地創造の伝説とふしぎなほどの一致をみせている。マルドゥクはまた、死んだ敵の血をそそいで人間を造出したといわれる。

後漢の末の応劭《おうしょう》という学者は、俗説によると、天地が開闢したが、まだ人間というものはなかった。女媧が黄土をこねて、人間をつくった。あまりにも忙しいのでいちいちこねている暇がない。えい、面倒とばかり、縄をこの泥のなかにひきずって、ついてくる泥で人間をつくった。黄土でできた人は富貴な上流階級となり、泥なわでできた人は貧民となったといっている。この民間の俗信は中国独自の説話か、あるいは西アジアの人類創成伝説につづく洪水伝説の影響であるか、わからない。ともかく西アジアの天地創成説および人類創造説と同一の類型の伝説が中国にも存在していることは、驚くべき事実である。

このような中国人類の祖先である二人の兄妹は、人間の頭をもった二匹の竜が互いにからみついて、夫婦となったものとされ、その奇々怪々な双竜の夫婦は漢代の画像石にほられ、西域の高昌《トルファン》出土の帛画《はくが》にまでえがかれている。聞一多は中国の古代の禹・共工・祝融・黄帝が蛇身をしていることから、古代中国には竜をトーテムとする部族が優勢をしめていたらしいと論じている。

中国のトーテミズムに関して、もう一つの重要な暗示をあたえるのは、奇怪な形態をした青銅の祭器である。これについては次章で考えたい。

第七章　乱——エピローグ

俑と山神との関係

屈原の『楚辞』の主体をなすのは、賦と呼ぶ散文詩に近い形式の叙事詩である。この長い詩の篇末に乱という短い詞章がつけ加えられている。それは『万葉集』の長歌の末についている反歌とそっくりである。乱の原義は「治める」と解されている。屈原は長い叙事詩の要領を整理して、短い抒情詩として、自己の感情を一人称の形で吐露する。

たとえば「離騒経」の末尾の乱《かえしうた》に、追われて楚の首都を立ち去ってゆく屈原自身の気持を、

　すべては終った。
　国には僕を知ってくれるものは、一人もいない。
　そんな故《ふる》い都なぞになんの未練があろう。
　もはやこの世で好き時代の善き政治を語りえないとすると、
　僕の行き先は、亡き彭咸《ほうかん》の大臣《おとど》の霊のしずまりたもう常世をおいてどこがあろうか。

と歌っているのはその適例である。

私は古代詩人の知恵にならって、中国古代神話伝説の冗長な記述、多岐にわたった議論、

紆余曲折した推理を短章につづめ、あわせて著述の動機と、次巻への展望とを語って、乱、すなわちエピローグとしたいと思う。

私は、西紀前五、六世紀に生をうけて、中国古代の記録と文献とを整理し、これを集大成して「経」の形に固定した儒教の教祖、孔子が、怪・力・乱・神をかたるものであったがために排除した「語」つまり口頭伝承の原型を明らかにしようとして筆をとった。

出発点は、眉も目も口も耳も塗りつぶされて、ただ切りそいだように顔面の中央に鼻だけを残した戦国時代の黒陶人形であった。私はこれを常人と面目を異にした他界の祖霊が現世に降臨する姿と解した。これは、折口信夫博士が沖縄の民俗調査をもとにして想像された、わが翁舞いの原型に似かよっているように私には思われた。この異形の神像は、巫女・神人などが、耳目口を欠いた祖霊つまり鬼に扮して、その仮面をかぶって踊った神舞を表現したものらしい。

『山海経』などの古書のつたえる、中国の異形の神のなかで、私がいちばん注意を惹かれたのは、猿のような頭と身体つきをして、一つ目、一本足の山の神である夔《どう》であった。それは甲骨文字によって実証された最初の中国古代の帝国である殷王朝の祖先で、五帝の一に数えられる帝嚳と同一神格と見なされている。帝嚳はまた、殷に先行する夏王朝より、さらに一代古い虞王朝の聖人皇帝である舜とも同一人とみられる。これは古代史家の通説ともなっている。

二十世紀の初めに出土した新史料によって、殷代の高祖神として祭られていたことが確認された、一つ目、一本足の猿面の山神、これと、柳田國男博士が『一目小僧』などで説かれた、日本の山の神との関連が浮かび上ってくる。

風と山神との関係

第二の出発点は、中国の甲骨学者胡厚宣が見出した殷代の祈年における四方の神、四方の風神にたいする祈年祭の行事の卜辞であった。この風名、方神名が『山海経』にも現われることは、けっして偶然の一致ではなく、孔子が排斥する怪・力・乱・神に充ちた物語りを集めた、この荒唐無稽の書が、古代の口頭伝承の真実に近いことを証明した。そして逆に儒家の古典として正統性をもっている『尚書』の「堯典篇」の、羲和が帝命によって四方に派遣された記事のほうが、原型から離れて、伝説を歪曲していることが明らかになった。

中国では珍しい四方風についての行事に関係する記事をさがしているうち、中国民族の共通の祖神として、五帝の最初におかれる黄帝とその宿敵である蚩尤との交戦の物語りが目についた。この戦闘において、風と雨とを自由に駆使する魔術師の力が、勝敗を決する鍵であったことを知った。これは西南アジアのバビロンにおける主神のマルドゥクがティアマトを破った説話と多くの類似点をもっている。この戦闘でも風雨を支配する力が勝敗を決定した。勝った神はティアマトの身体を二つにさいて天地を創造し、人間を造り出す。がんらいバビロニアの祈年祭は、春における生命の更新、世界の秩序の再確立、王の即位の承認、宇宙の創造をあらためて確立する呪術的祭儀であったとされる。この彼による天地創造の神話はそこから生まれた。中国の黄帝の時代には日月星辰の運行を調節し、火食・井・楽器・衣服・弓矢・文字などの日常の生活用具の発明が行なわれたと伝えられている。これは、黄帝がマルドゥクと同じように、天地を創造した主神であったという神話が、中国にも存したことを考えしめるものである。

黄帝は天上の上帝神の転化したものであるが、その転化は中華世界の地理的限界が拡大した戦国末期に完成した、比較的後期の天地開闢伝説を代表する。

これにたいして殷王朝の高祖神であり、山神であった帝嚳も風雨を支配する力をもった強大な神であった。風を支配する風伯は風袋すなわちふいごをつかさどる神であった。黄帝の強敵蚩尤は兵器の製造、つまり鍛冶を職とする氏族の祭る山神であった。これを亡ぼした黄帝はこの秘密をうけついで、銅器を鋳造しはじめた。

山神は、タタラのふいごを踏み、風を起こして金属を精錬する鍛冶職業を世襲する部族の守護神であった。鍛冶職はタタラのふいごを足で踏み、これにしばりつけられた奴隷を多く使用した。山神が一本足または跛足だったという伝説は、この奴隷から着想されたと考えられ、ここにいたって一つ目、一本足の異形の中国の山神の由来が説明できることになった。

この山神は、中国の正統儒教の古典である「堯典」では、音楽と舞踏により子弟らを教育する音楽官兼教育長官の夔として現われている。

口頭伝承の世界

折口博士によると、日本古代の語部の伝承する詞章は、一人称で発想された神の独り言から始まった。祖神が春の初めにこの世に来臨して、巫師などに馮依して、その口を借りて、自己の族姓の由来をのべ、この国土を創成し、山川草木・日月闇風を生み、食物を化成した由来をかたったのが、本来の形であったとされる。夔が子弟に教えた楽歌・楽語も、やはりこれと同じような一人称の呪言であったと想像される。そしてこれがもとになって盲目瞽師の伝承する世繫、つまり皇帝の世継ぎ物語りが分化してきたのであろう。そして最後に三皇五帝の古代聖王の伝説が形成される。三皇五帝は中国における有力な部族の祖神の語る本縁伝説がもととなったものである。天神はここでは三皇五帝の異なった神格に分化していった。それが、中国国土の統一がなされ、中華民族の意識が形成されるとともに、さらに総合されていった。中国の神話伝説の分化と総合は最後に儒家の『尚書』の「虞夏書」中の「堯典」において一応完成し、歴史的に実在した至上の徳をそなえた聖帝堯・舜の治績の歴史記録に転化した。ギリシャのオリンポスの神話世界に相当する、中国の儒教化された神話の終点がここにあった。

その結果、中国古代の知識人は、天地の開闢と人類の根源についてあまりまじめに考えようとせず、それよりは人類の文化がどうして成立したかという問題に注意を集中して、それに対する解答を歴史の形で伝えている。たとえば、上古には、人間が少数で猛獣・毒蛇の害が多かった。ある聖人が現われて木の上に巣を作ってこの害をさけることを考えだしたので、人は彼を尊んで王として有巣氏と呼んだという。火を発見し、民に煮たきを教えた燧人氏、トいと漁猟を発明した庖犠《ほうぎ》氏、農耕をはじめて行なった神農氏などの王たちについてのいろいろの話が『三皇本紀』にある。それは一見すると歴史的にじっさいあった出来事のように書かれているけれども、よく調べてみると現実の歴史事件の記録ではなくて、やはり戦国末期の法家思想家が、人類文化の発展史的観点にたって段階的に古代帝王の世を位置づけた開闢伝説にすぎないことは、前に述べたとおりである。同時代の儒教学者のなかにも、易の、万物が変化するという理法にしたがった歴史解釈がおこってきた。すべて人類文化の起原を超人的な力をもつ神のしわざでなく、一般の人より優れた道徳と能力をもつ人間、すなわち完全な人間である聖人の発明と発見、または創造に帰して、このような聖人が相次いで帝王となり、中国の文化生活の水準をあげてきたことを歴史的に述べた点に、中国の開闢伝説のいちじるしい特色がある。

中国の上古の伝説によると、三皇五帝といわれる八人の聖人の天子が相ついで中国を統治して、この上もない太平の世を現出したことになっている。三皇五帝が具体的に誰を指すかといえば、学派により、学者によってそれぞれ数え方に相違があるけれども、要するに伝説の多くの変型を伝えたものにほかならない。三皇については前に述べた燧人・伏義・神農の三氏をあげるものもあるとともに、一方では天皇・地皇・人皇をあてるものもある。五帝については黄帝・炎帝・太皞《たいこう》・少皞《しょうこう》・顓頊《せんぎょく》を数えるもの、また黄帝・顓頊・帝嚳《ていこく》・堯・舜をあげるものがある。

第三章で説明したように、黄帝は、蚩尤との戦闘などで風雨を支配する魔術を駆使し、また青銅器鋳造の秘密技術をもった大呪術師としての面をもっていた。これが『史記』などの古代史決定版ではほとんど消し去られてしまったのである。

黄帝に次いだ帝顓頊については、黄帝の孫であること、その版図がどこまで拡がったか、秦漢の頃行なわれた暦法を案出した帝であることなどがいわれるばかりで、大して重要性をもっていないように書かれている。

堯舜時代の理想化と歪曲

ここまでの帝王の伝説は、儒教のいちばん大切な経典である『尚書』には書かれていない。『尚書』は五帝の最後の帝堯・帝舜の事蹟を書いた「堯典」から始められている。この聖帝による帝国の統治の状態が、それまでの帝王に関する他の典籍の記事とはちがって、ずっと精《くわ》しく叙述されている。堯帝はまず星象を観測し、正確な暦を編纂し、天象を整え、次に下界において天下を横流していた洪水を治める大任に堪えることのできる人を求め、ついに庶民のあいだから賢明にして孝悌《こうてい》の徳高い虞舜を抜擢して任用した。舜ははじめにそれまで国々によって異なっていた度量衡を統一した。四岳という四名山の下に諸侯を会し、治績を審査し、有功者に車服を恩賜することによって勲位を与えるとともに、一方において五刑の刑法を制定し、共工・驩兜《かんとう》・三苗などという兇賊を辺疆に流放し、広い天下をことごとく平定した。かくして統一した全国を十二州に分け、十二牧を長官として分治させ、また各州の名山に封という祭りを行ない、大川を浚渫《しゅんせつ》して洪水の害を防いだ。このようにして舜の力により中国基幹部のほとんど全体をおおう大帝国の創業を終えた堯帝は病いを得て崩御し、四海万民あげての哀悼のうちに葬送された。堯帝の生前、統治の全権を委任されていた舜は嗣いで帝位についた。帝舜は堯の三年の喪に服し終るや、まず禹・皐陶《こうよう》・契《せつ》・棄などの賢者に、司空・士・司徒・后稷《こうしょく》・秩宗《ちつそう》などという重要な官職を授け、中央の官制を整え、地方に岳・牧などという諸官を設けた。広大な帝国を統治する政治組織はここに完備し、治績は大いにあがり、中国全土は泰平の恵みに浴したといわれる。

この「堯典」に描かれている堯・舜二帝の統治は、中国における聖賢政治の理想を具現したものと考えられ、漢代以後の政治の模範とされた。「堯典」は虞舜朝所属の史官の官選の記述であるような形式をもっているので、歴史的事実であったように信ぜられてきた。しかしよく見ると、「堯典」のくりひろげる帝国の統治組織は、古代王朝のそれとしてはふさわしくないような多くの時代錯誤を包蔵している。第一に堯・舜の帝国の地方行政は一方においては群后と称する諸侯に委せられているから、地方分権的な、また世襲的な封建制度によるもののようにも見える。舜の治績のもっとも大きなものとしては、四岳その他の官の合議推薦によって、賢者をば自由に民間から抜いて中央の重要な官職に任用したことである。既存の文献および新しく発掘された銅器の銘文である金文などによって知りうるところでは、周王朝の官職は春秋時代ごろまでは世襲であった。周王朝またはそれ以前の社会は、身分的な差別が厳重であって、重要な官職は特別の家柄の貴族の占有するところで、すべて父から子に伝えられ、けっして庶民から自由に任用し得るものではなかった。貴族・庶民の身分的差別が撤廃され、能力ある者をば自由に官吏として任用する制度は、やっと周王朝末期の戦国時代に胚胎し、秦代にいたって郡県制国家の組織として完成したものに過ぎない。

それのみではない。帝堯の崩御後、帝位はその子の丹朱には伝えられずに、庶民から出た舜に帰し、舜の崩御に際しても、その嫡子の商均を措いて禹に禅《ゆず》られた。禹の没後にいたってはじめてその子の啓が帝位につき、世襲的な夏王朝が成立した。堯・舜の世においては、帝位が聖賢から聖賢へと譲られたのであり、後世から世襲制に対して禅譲制として理想の政権承継とみなされているのである。この「堯典」における堯舜禅譲伝説に対しては、近代の顧頡剛一派の古代文献批判家から、上述したような周代の貴族官職世襲制度と矛盾するところから、古代の史実としての現実性を疑われはじめた。戦国初期には、封建貴族の統治する旧制度を擁護する尊尊主義といわれる立場にたつ儒教学派に対して、新しく身分制を打破し、貴族の世襲した官職を能力に応じて庶民に開放し、自由に任用しようとする尊賢主義を主張する墨子学派が起こってきた。上に述べた堯・舜の伝説は、この墨子の学派が自家の学説の根拠として古代の聖王に託してつくり出した理想社会の像であり、後期の儒教学派がこれを採用して経典化したものに過ぎないことが指摘された。

『尚書』堯典のごとき、もっとも重要な儒教経典に書きしるされた堯・舜二帝の禅譲の顚末を中心とし、この両帝の廟堂に禹・皐陶・契・棄などの諸聖賢が登庸、任官せられ、上下和衷して、至治の世を現出したという夏王朝の中国世界統治の記事は、その史的現実性を全面的に疑われるようになった。中国歴史の起原において厳存し、中国の統治がそこから出発したと信ぜられた、中国全土を統一する堯・舜の世界帝国の平和にしてしかも秩序整然たる組織は、戦国時代以後に萌芽した官僚的集権国家の理想を過去に投影した政治学者の黄金世界観の表われと見なされるにいたったのである。

このような神話世界の儒教化が現実にどんな過程を通じて行なわれたかは、次の巻の課題である。夏・殷王朝の伝説を、文献と記録、考古学的発掘の結果とをくらべあわせながら、叙述せねばならぬ。

中国青銅器の特殊性

最後に中国の神話の世界の記述を終るにあたって、中国の神像について一言しておきたい。ギリシャはギリシャ神話の神々の像をすばらしい彫塑の傑作によって後世に残した。これより古く、メソポタミア、エジプトの古代文明国でも、神話中の神々は、ときに半人半獣の怪物としてではあるが、ともかく神像の彫刻を残している。これにたいして古代オリエントにも対比することができる神話を、かつては口頭伝承として所有していた古代中国人が、まったく神像を製作しなかったのは、なぜであろうか。じっさい本書を編纂するにさいしても、神話を説明する插図〔文庫化にあたり一部変更〕の選定に筆者はひじょうな困難を感じたのであった。

古代中国には神像が存在しなかったが、これに代る役目をつとめたのは、じつは中国の青銅器であったのである。

中国古代美術を代表する作品はいうまでもなく青銅器である。中国の青銅器時代は単に武器だけでなく、容器までが青銅で製作されている点において、世界の古代諸文明と判然とわかれる特色を示している。ローマの先住民族であるエトルスキ人の残した青銅容器は、やや注目に値するものではあるが、精巧さは中国のそれとは同日の談ではない。エトルスキ人はこのほかに青銅の人像を鋳造している。エトルスキとならび、エジプト、ギリシャなども優秀な青銅人像を創作したが、この人体像は古代中国ではきわめてまれである。人体像を欠くことは、逆に中国の青銅器時代の消極的特色を形成しているといえるかもしれない。

中国青銅器時代の積極的特徴を打ちだした青銅容器は、中国古代文化のなかでどんな意味をもっているのであろうか。いったい中国古代人はなぜこのように世界的に類例のまれな青銅容器を製作したのであろうか。

中国古代人は青銅容器をどんな立場からながめていたであろうか。現代人は、獣か、蛇か、鳥か、あるいは妖怪か、鬼神か、何とも形容することがむつかしい奇怪な文様におおわれた銅器をながめて、一種の美感をおぼえる。この美感のなかに三足の鼎《てい》、方形の敦《たい》のようにこころよい均衡をもってどっしりと安定した形、またすんなりと伸びた三本脚と流れるようなカーブをえがいた飲み口をもった軽快な爵の姿、躍動する獣面、見すえる目、ときには恐ろしげな、ときにはおどけた表情を見せる開かれた口、あるいは生命力を表徴するように力強く渦巻き、また整然と繰り返される雷紋がそれぞれ独特の美的効果を発揮している。

二千五百年以上地中に埋もれた後、発掘された青銅器の表面は、金属の成分と、埋もれていた地層の土質や水分の影響から、青緑・黒・白緑・鉛黒・黝黒《ゆうこく》などさまざまの色調と光沢をもった錆《さび》におおわれている。ひとはこれを古色掬《きく》すべしとして、古玉・古陶にたいすると同じ気持ちで賞翫する。

青銅器はがんらい、宗廟《そうびょう》の祭祀《さいし》、宮廷での饗宴に使用せられる酒器・食器・水器のセットであった。不老長生のための衛生と薬物の知識の発達していた古代中国人のことであるから、緑青の毒性を知らないはずはない。たえず表面を磨き銹《さび》を落として使用したにちがいない。生々しい金属的光沢をもった青銅器の古代における本来の状態は、現代人のみる古色蒼然たる銹におおわれた青銅器の現状とは似ても似つかぬものであったはずである。

前に紹介したように、伝説によると、中国民族の祖先とされている黄帝の勁敵《けいてき》であった蚩尤が、盧山の金、つまり銅を採掘して兵器を製作し、黄帝は宝鼎を手に入れ、鐘を鋳造したといっている。黄帝をはじめ古代の伝説的帝王である堯・舜・禹なども銅器を鋳造し、使用したという。黄帝をはじめとする五帝、これをつぐ夏王朝などについては、信頼すべき史料に欠け、考古学的にそれにあたる遺物も発掘されていないので、これらの古帝王の銅器鋳造伝説がどこまで史実にもとづいているのか知ることができないけれども、伝説はあくまで伝説として十分考察すべきである。

饕餮紋

夏王朝を亡ぼして、これに代ったといわれる殷王朝の後期の帝都である、河南省安陽県の小屯を中心とする殷墟遺跡の発掘によって、数多くの青銅器が出土した。とくにその西北郊の侯家荘・武官村の王墓と推定される大墓群から、精巧で巨大な青銅容器が続々と発見され、殷代晩期が中国青銅容器の極度に発達した頂点時代を形成することが明らかになった。

このように発達した殷王朝後期の青銅文化は一朝一夕で成立したものでないことはもちろんである。一九五三年いらい、河南省鄭州附近の調査・発掘によって、殷後期に先行する殷前期の遺跡が発見された。さらに洛達廟文化の遺跡が発掘されたが、これは、土器の様式が新石器時代の竜山文化に似ている点などから、殷代以前の遺跡と決定された。その後、鄭州上街・洛陽東乾溝・偃師《えんし》二里頭などから同系の遺跡が発見され、銅器では当初は銅鏃・銅刀のような兵器の少数例しか発見されなかったけれども、発掘の進行にともなって、殷代早期のひじょうに原始的な青銅容器を発掘することに成功した。

鄭州の殷前期文化を代表するのは二里岡期文化であるが、それは上下層に区分され、その上層から、ある程度まで完成された青銅の容器が発掘された。殷後期の銅器にくらべると、まだ未発達の点があるけれども、現在知りうる中国最古の銅器の典型と見なされる。

殷代の最初の青銅容器、またこれを模してつくられ、密接な連関をもっている土器群において、殷後期の小屯時代の絶頂をなす青銅器の主要な装飾文様である怪獣面、つまり饕餮《とうてつ》紋が施されていることは注目せられる。宋代の金石学者が古典中の用語をもって命名した饕餮紋は、頭上に角をいただき大口をひろげ両眼で人をにらみつける恐ろしい形相をした顔の正面を主体としている。顔面だけでなく時として体部と四肢、尾などまで附加せられることも

饕餮紋（Photo by Yongxinge, CC BY-SA 3.0）

ある。

全体的に見るとその表現はたいへん象徴的であるけれども、部分的にはかなり写実的なところもある。写実性がつよくなった殷墟期ではとくに頭上に生えている角状の部分に顕著にそれが表われる。C字形に屈曲したのは羊の角を模したのであり、逆に末尾が上に少しはね上ったのは、そのぎざぎざによって明らかに水牛の角と知られるものもある。

不幸にして殷中期の原始的な青銅容器群の饕餮紋のまったく象徴化された獣面には、角状の部分が本来具体的に何を表わしていたかを示す徴候がぜんぜん見受けられない。しかし、このことから角状の部分が現実の獣の像になんらの関係ももたないまったくの空想の所産と解釈するのは正しくない。

殷墟期ことにその晩期にぞくする侯家荘などの大墓出土の大理石彫刻には、虎・鴟鴞《しゃこ》などのような立体的な丸彫像が異彩を放っている。同時代の青銅器にも、ニューヨークのホームズ夫人蔵の饕餮文角、羽をひろげた雀をかたどった蓋の表現は十分にレアリスティックであるし、〔アベリー・〕ブランデージ〔一八八七—一九七五年」氏所蔵の有名な犀尊《さい》のごとく、その写実主義の立体彫像としては古代世界のなかで独自の地位をしめるものもある。

このようなリアルな立体彫像は殷墟後期にいたって突如として出現したものではない。鄭州の殷代中期の墓の副葬品のなかには、虎・羊・亀の土器の立体彫像が発掘されている。その表現はけっして象徴的ではなくて、むしろ写実主義の上に立って、簡潔でしかも力強さをもっている。殷代中期人は、まだ青銅の丸彫像をつくるだけの高度の鋳造技術を所有していなかったが、土器ではりっぱに写実主義的な丸彫像をこね上げることができたのである。このような造形能力を備えた殷代中期人であるから、青銅器ではシンボリックな饕餮紋だけを鋳出してはいても、一方でその原形である獣について、何か具体的なイメージをもっていなかったと断定することのほうが、むしろ不自然な想像というべきであろう。

この怪獣の面が頭上にいただく、象徴的に変容され角状の装飾文様と化しているものは、じつは現実の水牛、または羊の角をえがいたものであったのである。殷人がはじめて祖先を祭祀するとき犠牲としてささげた神聖なる家畜である。水牛と羊とは殷人が祖神酒・神饌をすすめるために青銅容器を鋳造しだしたとき、何故にこの表面を神聖なる犠牲獣の角をいただいた怪獣面をもって飾ったのであろう。

青銅器文様と原始宗教

殷墟晩期の殷人およびこれを征服し、その文化を継承した周人たちは、しだいに青銅祭器に製作銘文を鋳こみはじめた。最初のころは、「甲の日に天の太陽の神の精霊をうけて生まれませる父なる君」という意味で、単に「父甲」という二字の名を書くだけであった。次には、「辛の日に生まれませる母の君を司《まつ》る」という意味を表わす「司母辛」というような銘を鋳た。最後にいたって「近侍のやつがれ小臣邑《ゆう》なるもの辛の日に生まれませる母君を祭る尊彝《そんい》を作る」という意味の「小臣邑作母辛尊彝」というような完全な文章の体を備えた銘文をつけるようになった。

　この「尊彝」という言葉は、祭器である青銅容器をさすもっとも一般的な名称であったが、その原義については金石学者たちの解釈はまちまちであった。尊という字については「大いなる祖の宗《みたまや》に尊事す」と書いた銘文がある。「うやうやしくそなえたてまつる」という意味である。名詞としては祖先を祭るための器という意味をもつことにもなる。

　尊字は金文では𢍜とかかれ、今体では隮と写されている。左の偏《へん》の阝すなわち阜は『説文』以来丘陵の崖を示すとされるが、それは派生の義、あるいは牽強附会にすぎない。がんらいは、木板に足がかりをつけた古代の梯子を側面から見た形を表わしている。右の旁《つくり》はいうまでもなく酉すなわち酒壺を両手にもってささげるさまを示している。尊には何故に梯子がつけられるのであろう。これは恐らく在天の祖霊が子孫の祭祀をうけるため地上に降下することを表わす象徴と見なすべきである。

　盤庚殷墟遷都後の第二帝武丁が始祖成湯を祭った翌日、雉《きじ》が飛んできて庭上の鼎の耳《とって》にとまって鳴いた。この凶事にあたって祖己という賢者が出て、天命をうやまい、人民の心をえなければならぬという訓戒を帝にあたえたという伝説が残っている。これは祖先の霊が鳥の形をとって、祭器の上に舞い下ったという原始的信仰の片鱗をとどめたものであろう。彝という字はとかかれ、鶏を両手にもってささげたさまを表わすと解されている。これも祖先の霊が鳥のごとく地上に降って、子孫の祭祀をうけるさまを表わしたものといえるであろう。それはより適切には、祖先の霊が祭祀のあいだこの地上にとどまるさまを示しているというべきであるかもしれない。

先祖は天から降った玄鳥つまり燕の卵から生まれたという神話をもっている殷人は、また天帝の使者として霊鳥の鳳皇をうやまっていた。銅器の装飾紋として饕餮紋に次いでしばしば使われる夔《き》鳳《ほう》紋は、こういう殷人の信仰にもとづくものであった。写実主義が力をえてきた殷晩期に鳥形を模した鴟《し》鴞《きょう》尊や卣《ゆう》が現われるのも同じような動機から出ているといえよう。

祖先の霊は鳥のごとく天上から地下に降るという信仰とならんで、祖先の霊は獣の形をとってこの地上にとどまっているという信仰も行なわれていた。

銅器の怪獣面文様は、羊・水牛の角をいただいている。いうまでもなく、羊と水牛とは殷人の主要な家畜であり、祖神を祭るときには犠牲として焼かれ、屠《ほふ》られる。犠牲を焼いて灰燼に帰するのは、地下の死霊を鎮め宥《なだ》める原始的呪術における鎮魂の儀礼である。これを屠殺するのは犠牲としてささげる聖獣の肉を食い血をすすり、この聖獣のもつマナすなわち霊力を祭祀者である人間がとりいれたのであった。

饕餮紋のある尊（饕餮文三犠尊、殷時代、前13—前11世紀、東京国立博物館蔵、ColBase（https://colbase.nich.go.jp/））

青銅器をかざる、犠牲獣である羊の角をもった怪獣文様は、この犠牲を供せられ、その血をすすり肉を食うことによって霊力を更新する祖先の姿を表わしていると解釈される。屠られる犠牲獣の霊力は獣皮・頭・血・毛に含まれているので、神に接して力を享有しようとする人、とくに呪術師や司祭は、最初は獣頭皮をかぶって、祖霊の代表者として現われたのであろうが、やがて神の資格で獣面をかぶって祭祀をうけ、神秘的な仮面舞踏を行なうようになる。両眼で人をにらみつけ、大口を開いた恐ろしい怪獣面は、これをつけて祖霊に扮するための仮面であった。殷人はこの仮面において祖霊の姿を表現したのである。

原始的な呪術信仰において祖先の亡霊は子孫にとっては不吉な恐ろしい力の持主であっ

た。この亡霊を季節の変り目、とくに初春ごとに他界からまねいて、犠牲を屠り、神酒をささげて饗宴によってもてなし、その魂を鎮めて他界に復帰させる。祖霊は年ごとに霊力を新たにし、この季節祭を通じて、穀物の種も霊力をえて、農作物の豊作が確保されたのであった。

祖霊の姿を表わした怪獣面の人を威圧せねばやまぬ凄い形相は、呪術的の魔力を表わすものである。殷人にとって青銅容器の美は、現代人のうけとり方とはちがって、霊力の恐ろしさを表現するものであった。

霊威は最初は怪獣の眼を中心として形式化された饕餮文様によって象徴的に表現されていた。殷墟後期にはいると、写実主義の勃興によって、犠牲獣たる水牛・山羊の角を写実的にえがく傾向が出現した。これとともに、水牛・山羊の頭部の丸彫像を銅器の把手などとして附加するようにもなった。

この傾向はさらに進んで根津氏所蔵の羊尊や、中国歴史博物館の四羊尊・鴟鴞尊・雀尊のごとく、動物像としての銅器が製作せられた。この写実主義的傾向はブランデージ氏蔵の犀尊にいたって頂点に達し、中国古代彫刻芸術の最大傑作を生みだした。

呪術から宗教へ

中国古代人は、神獣あるいは神鳥であった祖霊の姿を象徴的に表わした饕餮文様の段階から一歩をすすめ、犠牲獣あるいは神獣の写実的丸彫像を青銅器で鋳造する段階まで昇ってきて、ここで停止してしまった。

ジェーン・エレン・ハリソン〔一八五〇—一九二八年〕女史は名著『古代芸術と祭式』〔一九一三年〕のなかで次のようにいっている。

「われわれが古典時代の彫刻で知るギリシャの神々は、常に人体の形で表わされている。これはもちろん他の国民にあってはふつうのことではなかった。未開人のあいだではトーテムすなわち部族的統一の標章が、たいていは一つの動物または植物であるのを見た。……未開人のトーテム、樺太、シベリア部族の熊は、神にならんとする途上にあるが、しかしまったくの神ではない。それは充分に人格的になっていない。エジプト人および一部分のアッシリア人は中途で停止し、彼らの神をなかば動物、なかば人間の怪物的形態にし、これがそれみずからの神秘的荘厳を有する。しかしわれわれは、自分が人間であり、人間の情緒を感ずるのである以上、もしわれわれの神々が大部分投射された情緒であるならば、彼らが自然に採るべき形態は人間の姿である」（佐々木理訳『古代芸術と祭式』一九六一一九七ページ〔創元社、一九四一年。のち筑摩書房（ちくま学芸文庫）、一九九七年〕）

またギルバート・マレイ〔一八六六—一九五七年〕は、

「早期の地中海宗教には特殊な推移を示す段階が存在する、すなわち聖獣の頭または皮を被る人間がこれである。エジプトの神々は獣の頭をもつ人間として描かれる、すなわち最も優れた権威者が語るがごとく、彼らの姿は重大な犠牲祭の場合にその頭を獣の面をもっておった王や僧侶から由来していた」（藤田健治訳『希臘宗教発展の五段階』五〇—五一ページ〔岩波書店（岩波文庫）、一九四三年／原著一九二五年〕）と述べている。この未開社会からギリシャにいたる神像の発展の系列のなかで、中国の古代青銅器は、エジプトの段階の少しそれた一歩手前に位置しているといえるであろう。中国古代人が、ついにギリシャのごとき人間の姿をした丸彫神像を創作しえなかったことは事実である。しかしこのことから、呪術から宗教の発展において、ついにエジプト的段階に停止していたと結論するならば、それは性急な判断である。

殷墟北郊の侯家荘の一四〇〇号大墓から、洗面用器である銅盤や、歯のついた垢すりの陶器とともに、人間の顔を写実的に表わした仮面が出土した。殷王はその生前において銅盤で祓《みそ》ぎして、祖霊と一体化し、この仮面をかぶって、臣下の饗宴をうけたのであろう。その具体例は陳仁濤《ちんじんとう》〔一九〇六―六八年〕氏蔵の大理石人像である。水野清一〔一九〇五―七一年〕氏が、これが子孫の饗食をうけて、酔いかつ飽いた祖先の像であるとされたのはきわめて適切な解釈であった。

周の礼では、子孫が祖先を祭祀するときには、一族の年少者が尸《よりまし》として、祖先の代表として上座について、祭祀をうけ、酒食をとる定めであった。この尸は恐らく仮面をつけたのではないかと想像されるが、ともかく、祖神の人間化、ギリシャのいわゆる擬人化は、宗教祭祀の習俗のなかではすでに成立していた。呪術から宗教への転移は中国古代では、少なくとも紀元前十世紀から紀元前六世紀までの間に完了するのであるが、これは後続の巻の問題として残される。

あとがき

神話という漢語はギリシャ語のミュートスに淵源する西洋近代語の訳語である。たぶん日本で使いだした言葉であろうが、中国の古代宗教との連関から考えると、なかなか意味の深い訳語である。日本では神という語は、家の祖神をはじめ、天地山川の八百よろづの神にたいして無差別に用いられている。

中国の古代では神という語はもっと限定されていた。人間が死ぬとその魂は他界に赴く。子孫がこれを祭るためには、その魂を現世の地上に呼びもどさねばならぬ。子孫の祭りをうけるために俗界に降臨する祖先の霊を鬼と呼ぶ。祖神は本来は鬼と称された。この内神にたいして、それ以外の外神のことを神と呼ぶ。人間の祖先でも、ひじょうに遠い高祖神になると、神の仲間にはいる。殷民族についていうと、夏王朝を亡して殷王朝をたてた湯王、その本来の名は大乙であるが、殷王朝の諸王はこの魂を鬼として祭っている。しかし、湯よりさらに前の祖先になると、もう単なる鬼ではなく、ふつう人間の姿ではなく人面で獣の姿をした神であった。私はこれを神話的高祖神と呼ぶことにしている。私はこの神話的高祖神についての古代伝承がすなわち、西洋の神話にあたると考えている。

孔子が「祭るに在《いま》すが如くす。神を祭るに神在すが如くす」といった前段の祭るにいますが如くするのは、人間神である鬼、つまり家の祖霊である。だからこれを祭るに人間の祖先がそこに現前すると考えるのは当然である。これにたいして、後段の神を祭るに神在すが如くする神は祖霊以外の神話的高祖神であるから、人面獣神、ときには黄帝などのように麟で被われ、人面蛇身であったりする。この高祖神をも人間として、そこに現前するように祭らねばならぬと孔子は考えたのである。そこに孔子の合理主義の精神があったのである。

三十八年にグリーンベルト・シリーズの一冊として出版した「神々の誕生」の誤植を訂正して新装で再版するにあたって、「中国の神話」と名づけたのは、以上のような理由によるものである。恩師内藤湖南先生の中国古代伝説研究法に柳田國男、折口信夫両先生の民俗学的研究法を織りまぜた試論であったが、著者の基本的な考え方は現在でも変っていない。

貝塚茂樹

昭和四十六年三月

解説

蜂屋邦夫

人類が文明の揺籃期に世界をどのように認識したかということは神話となって伝えられ、世界各地にその文明の特色を持った神話が伝存している。黄河文明にも豊かな神話があったに違いないが、ギリシャやローマ、インドやエジプト、メソポタミア文明と違って、中国では早くから思想の合理化が進んで、神話は歴史の中に取り込まれてしまった。このことは中国古代史の研究者なら誰でも知っていることである。しかし、古代の文献資料や甲骨資料などを丹念に分析し、あわせて、しかるべき地域の伝承や他の地域の神話などを補助資料として活用すれば、中国の神話世界もある程度は復元できる。本書はそうした前提から出発し、各種資料を渉猟して中国の神話世界を構築したものである。

本書は啓蒙書であるが、いたって読みやすい物語となっている。著者の貝塚茂樹氏は本書を楽しみながら書いたようで、「主観的には会心の著述であった」、と言っている（『貝塚茂樹著作集』第五巻「あとがき」中央公論社、一九七六年）。読者は、著者とともに中国の神話世界を十分に楽しんで散策できるであろう。

著者の方法論の特色としては、少なくとも二点が挙げられる。一つめは、中国の神話を並列的なもの——たとえば太陽の神話とか月の神話、風雨の神話、山川の神話などのように——ではなく、繋がりのある一つの物語として考えていることである。この点は、中国の神話とは、さまざまな古代王朝の遠いとおい祖先神の物語であるとする著者の考え方に基づいている。神話は歴史《ヒストリー》以前の、いわば前歴史《プレヒストリー》とも言うべきものと認識されているわけである。そうした捉え方は、中国古代史を専門とする研究者としての著者の特長でもある。中国の神話は、個々の話としては断片的に古代の文献資料や各地の伝承資料の中に埋もれているので、それらを掘り起こして一つの世界にまとめ上げることは実はたいへん難しい作業である。しかし読者は、著者の手腕のお蔭で、本書によって一つの物語としての神話世界を心ゆくまで楽しむことができるのである。

二つめは、「序」にも書いてあることだが、柳田國男、折口信夫両氏の民俗学的な古代研究法を取りいれ、いくつかの肝心な箇所の解釈において両氏の研究を参考にしていることである。こうした著者の方法に対しては、日本神話には、やはりそれなりの特色があり、中国神話と直接の関係が認められているわけでもないのであるから、批判する人もいるのではなかろうか。しかし、両氏の研究は著者の着想にヒントを与えただけで、専門的研究におけるような厳密な根拠として引用しているわけではない。本書のような読み物としては、許される方法であろう。

著者は、本書は甲骨学や楚辞学の最新の研究成果を取りいれ、それらを出発点として構築したと述べている。だが、研究成果は、たえず更新されるものである。著者自身も、いくつかの出版社から本書が出版されるたびに更新し続けてきた。したがって現時点に立って考えれば上書きした方がよい部分があるかもしれない。しかし、かりにそうした部分があったとしても、本書の大局は変わらず、魯魚のあやまりを正すようなことは別として、本書は、やはり著者の構築した神話世界を、まずは丸ごとそのまま楽しむべき読み物なのである。

前述のとおり著者は中国古代史を専門とする研究者であるが、その視野は古代にとどまらず、孫文や毛沢東にまで及んでいる。本書も、もともとは神話から現代まで、著者が一人で執筆する通史の一環として書かれたものであった。しかし、その計画は頓挫し、神話部分だけが独立して本書となった。著者には、本書とほぼ同時期に書いた通史として『中国の歴史』（全三巻、岩波書店〈岩波新書〉、一九六四―七〇年）があるが、それは本書のような読み物ではなく、かなり専門的な部分もある。そこで、もしも本書を起点とした通史が完成していたならば、一般の読者にとって、より親しみやすい読み物としての中国史となっていたことであろう。本書は、そうしたことを予想させるスリリングで大胆な構想の上に成りたっている。

本書は七章から成るが、第七章は「乱」として全体をしめくくり、本来書かれるはずであった次巻を展望したものでもある。「乱」は楚の詩人・屈原《くつげん》の『離騒《りそう》』の末尾に見える形式で、全体の気分をまとめたものである。屈原の「乱」は短いが、本書の「乱」はかなり長く、エピローグという副題がついている。「乱」は「序」という意味にも通じるが、「序」が客観的理性的であるのに対して、「乱」は本来は主観的情緒《じょうしょ》的なものである。ただ、本書の「乱」は「序」のようなもので、「序」も本来は書物の末尾に置かれたものであった。「乱」は、普通には「乱す・乱れる」の意味であるが、ここでは「治める・治まる」の意味で、このように一語のうちに一見すると矛盾する意味を含む言葉を反訓《はんくん》という。古代中国語のおもしろい一面である。

第七章は一種のまとめであるから、第一章から第六章までが著者の考える神話世界の筋道である。博識な著者の文章は、あっちに行ったりこっちに来たり、談論風発のおもむきで変化に富んでいるが、本解説では、その筋道の中心部分のみ簡単に見てみよう。

神話の主役の一人は夔《き》である。夔は一本足で、声は雷のようであった。黄帝が捕らえて、その皮で鼓を作り、骨をばちとして打ち鳴らすと、その音は五百里四方に響き渡ったという怪物で、風雨を起こす力があったという。この話では夔は黄帝に退治されたが、それはおそらく黄帝に制圧されたことの神話的表現であろう。夔は、なかなかどうして、しぶとくあちこちに顔を出しているのだ。

崑崙《こんろん》山に沙棠《さどう》という仙樹があり、その不死の仙果が盗まれぬよう、天帝は人面蛇身の窫窳《あつゆ》に見張らせていた。この天帝は黄帝であるという研究もある。だが、弍負《じふ》という神が臣下の危《き》に窫窳を殺させて仙果を盗ませた。烈火のごとく怒った天帝は危を捕らえ、右足に枷をはめ、両手と髪の毛を縛って、ある山の頂上の木に吊した。著者は、この危こそが夔であったと考えている。つまり天帝から罰をうけ、後に天上から追放されて人間《じんかん》に流された神である、と。夔が一本足であるという伝承は、この、片足にはめられた枷の話に結びつくようだ。夔はまた、俊《しゅん》、夋《しゅん》、舜《しゅん》、嚳《こく》などと呼ばれる、という。

夔は儒教の経典である『尚書《しょうしょ》』（『書経』）にも登場し、音楽と舞踊により子弟を教育する音楽官であり、教育長官を兼務していた、という。夔（危）は舜であるという説によれば、舜の父は瞽叟《こそう》であり、これは盲目の瞽師（音楽官）と名目上の関係があるから、夔も音楽に関わってくるのである。『尚書』にはまた、夔が琴瑟《きんしつ》を鳴らして歌うと、祖先の神霊が歌の調べに引かれてやってきて、鳳皇や鳥獣も舞いだす、とある。夔は音楽と舞踊を通して祖霊とも関わる存在であり、一本足の怪物から、『尚書』では合理化されて音楽官となったわけである。

ところが甲骨文には夒《どう》という、夔によく似た神が登場する。一つ目、一本足の猿面の山神で、殷王朝の卜師は夒を高祖と呼び、その祭りの吉凶を卜している。著者は、この夒と夔を同一神と認めており、夒は、天帝から命じられ、その身代わりとして地上に降ってきた人面獣身の神である、と考えている。

要するに、夒、嚳、夋、帝俊、帝舜は神話が発展する過程で生まれた名前で、神格としては同一である。夔《き》と夒《どう》は同一神で、夔は、なまって危とも呼ばれたわけである。嚳《こく》は告《こく》とも書かれ、告《こく》は梏《こく》と通用し、天帝によって足に梏《かせ》をはめられるという運命をもって生まれた者の意味である。天上で大罪を犯して罪人となった猿面の神・夒は、地上に追放され、殷王朝の遠い祖先となった、ということになる。

司馬遷の『史記』は「五帝本紀」を冒頭に置いて、たしかな歴史は黄帝から始まったとしているが、著者は、黄帝の全知全能ぶりは聖人の域を超越し、神の域に達している、と考えている。著者はまた、黄帝は天帝を意味する皇帝がなまったものかと考えており、黄帝から始まる帝王たちの系統は神話的な血統つまり神統譜である、と見ている。

黄帝の宿敵・蚩尤《しゆう》は風伯と雨師を使って黄帝を苦しめた。黄帝は天帝のお気に入りの魃《はつ》という巫女を天から下してもらい、豪雨を晴れ上がらせ、蚩尤を打ち負かした。黄帝の行在《あんざい》には常に雲がたなびいていたというが、雲は雨を伴うものである。黄帝は風后を大臣にしたともいい、黄帝もまた風と雨を御する帝王であった。

甲骨文をつぶさに調べてみると、殷代の天帝は、まずは雨帝として認識されていた。ところが、そこにまた風を支配する力が加わってくる。ある甲骨文には武丁の治世に東西南北の四方に向かってその年の豊作を願って祭を行なうことの吉凶を卜した記録があり、そこに四方の風の記事が出てくる。さらにいくつか、四方の風のことを記した甲骨も見つかっており、これらに関係がありそうな『山海経』の記述もある。これらの四方の風は『尚書』の中にも痕跡をとどめているが、風の名前から変化して、四方に派遣される臣下のことになっている。これらの事柄について、著者は、甲骨文や『山海経』『淮南子』『尚書』などの古代の典籍を駆使して、風すなわち風神の本来のありようから、歴史時代に入って合理化され、変化していく情況を詳細に追跡している。著者の手腕には上質のミステリー小説を読むような趣きがあり、読んでいてワクワクしてくる。

著者はまた、風の神・風伯のスタイルとして、なめし革製の風袋、つまりふいごを持つことで風の支配を表わしたものか、と推定している。ふいごが登場するのは、風の力がさらに展開して、冶金技術と関連することを示している。

かくて、風を支配することは天神の重要な属性であり、黄帝や蚩尤はふいごを使って冶金する鍛冶師でもあった、と想定されてくる。天帝からの罰として片足を梏にはめられ、一本足となった夔も、新しい樹林を求めて山中を移動する、定住性の乏しい冶金専業の部族の守護神であったかもしれない、という。

一つ目、一本足の山神・夔（夒）は、神話の主人公としてさまざまな場面に登場し、山神の形象は一つ目からさらにのっぺらぼうな仮面をつけた形代《かたしろ》へと展開する。さらに、のっぺらぼうは『荘子』「応帝王」篇に見える渾沌《こんとん》説話につながり、その淵源として『山海経』「西山経」の渾敦《こんとん》説話に行きつく。本書には、こうした興味深い指摘もたくさん盛られており、神話世界への関心だけでなく、古代中国に関する知的関心も十分に満たしてくれるのである。

神話を彩った神々は、やがて合理化されて『尚書』などの文献の中に埋没していった。そのことには、怪力乱神を語らずという孔子の合理主義精神が大きく影響している。屈原もまた政治の不合理と同じく神話の不合理にも正面から痛烈な攻撃を加えた。春秋末から戦国にかけて、実事求是《じつじきゅうぜ》の精神が神話を圧殺していったのである。

しかし、古代の中国的合理主義精神を排して、文献資料や甲骨資料などを、丹念にその目で見ていけば、隠された神々の姿が浮かび上がってくる。本書は、そうした試みを端的に示してくれたもので、読者は本書によって大いにその豊穣な神話世界に遊べるのである。

（中国思想史、東京大学名誉教授）

二〇二二年十一月

KODANSHA

本書の原本『神々の誕生』は一九六三年に筑摩書房から刊行され、一九七一年に『中国の神話――神々の誕生』として再刊されました。本書は『中国の神話』を底本とし、『貝塚茂樹著作集』第五巻「中国古代の伝承」（中央公論社、一九七六年）を参照しました。また読解の一助として編集部による補足や注記を〔　〕の形で挿入してあります。なお、今日の感覚では、明らかに差別的な表現がふくまれていますが、本書が執筆された時代環境を考え、また著者が故人であることから、そのままにしてあります。差別の助長を意図するものではありません。

貝塚茂樹（かいづか　しげき）

1904-87年。京都帝国大学文学部史学科卒業。京都大学名誉教授。文学博士（京都大学）。文化功労者。文化勲章受章。専門は，中国史学。主な著書に『中国古代史学の発展』（1946年），『中国の古代国家』（1952年），『諸子百家』（1961年），『論語』（1964年），『中国の歴史』（1964-70年）ほか多数。『貝塚茂樹著作集』全10巻（1976-78年）がある。

講談社学術文庫

定価はカバーに表示してあります。

中国《ちゅうごく》の神話《しんわ》

神々《かみがみ》の誕生《たんじょう》

貝塚《かいづか》茂《しげ》樹《き》

2023年1月11日　第1刷発行

発行者　鈴木章一
発行所　株式会社講談社
　　　　東京都文京区音羽2-12-21 〒112-8001
　　　　電話　編集（03）5395-3512
　　　　　　　販売（03）5395-4415
　　　　　　　業務（03）5395-3615
装　幀　蟹江征治
印　刷　株式会社ＫＰＳプロダクツ
製　本　株式会社国宝社
本文データ制作　講談社デジタル製作

ISBN978-4-06-530677-2

「講談社学術文庫」の刊行に当たって

これは、学術をポケットに入れることをモットーとして生まれた文庫である。学術は少年の心を養い、成年の心を満たす。その学術がポケットにはいる形で、万人のものになることは、生涯教育をうたう現代の理想である。

こうした考え方は、学術を巨大な城のように見る世間の常識に反するかもしれない。また、一部の人たちからは、学術の権威をおとすものと非難されるかもしれない。しかし、それはいずれも学術の新しい在り方を解しないものといわざるをえない。

学術は、まず魔術への挑戦から始まった。やがて、いわゆる常識をつぎつぎに改めていった。学術の権威は、幾百年、幾千年にわたる、苦しい戦いの成果である。こうしてきずきあげられた城が、一見して近づきがたいものにうつるのは、そのためである。しかし、学術の権威を、その形の上だけで判断してはならない。その生成のあとをかえりみれば、その根は常に人々の生活の中にあった。学術が大きな力たりうるのはそのためであって、生活をはなれた学術は、どこにもない。

開かれた社会といわれる現代にとって、これはまったく自明である。生活と学術との間に、もし距離があるとすれば、何をおいてもこれを埋めねばならない。もしこの距離が形の上の迷信からきているとすれば、その迷信をうち破らねばならぬ。

学術文庫は、内外の迷信を打破し、学術のために新しい天地をひらく意図をもって生まれた。文庫という小さい形と、学術という壮大な城とが、完全に両立するためには、なおいくらかの時を必要とするであろう。しかし、学術をポケットにした社会が、人間の生活にとってより豊かな社会であることは、たしかである。そうした社会の実現のために、文庫の世界に新しいジャンルを加えることができれば幸いである。

一九七六年六月　　　野間省一

モンゴルと大明帝国
愛宕《おたぎ》松男・寺田隆信著

征服王朝の元の出現と漢民族国家・明の盛衰。チンギス＝カーンによるモンゴル帝国建設とそれに続く元の中国支配から明の建国と滅亡までを論述。耶律楚材の改革、帝位簒奪者の永楽帝による遠征も興味深く説く。

1317

朝鮮紀行　英国婦人の見た李朝末期
イザベラ・バード著／時岡敬子訳

百年まえの朝鮮の実情を忠実に伝える名紀行。英人女性イザベラ・バードによる四度にわたる朝鮮旅行の記録。国際情勢に翻弄される十九世紀末の朝鮮とその風土、伝統的文化、習俗等を活写。絵や写真も多数収録。

1340

アウシュヴィッツ収容所
ルドルフ・ヘス著／片岡啓治訳（解説・芝　健介）

大量虐殺の責任者R・ヘスの驚くべき手記。強制収容所の建設、大量虐殺の執行の任に当ったヘスは職務に忠実な教養人で良き父・夫でもあった。彼はなぜ凄惨な殺戮に手を染めたのか。本人の淡々と語る真実。

1393

古代中国　原始・殷周・春秋戦国
貝塚茂樹・伊藤道治著

北京原人から中国古代思想の黄金期への歩み。原始時代に始まり諸子百家が輩出した春秋戦国期に到る悠遠な時間の中で形成された、後の中国を基礎づける独自の文明。最新の考古学の成果が書き換える古代中国像。

1419

中国通史　問題史としてみる
堀　敏一著

歴史の中の問題点が分かる独自の中国通史。中国の歴史をみる上で、何が大事で、どういう点が問題になるのか。書く人の問題意識が伝わることに意を注ぎ古代から現代までの中国史の全体像を描き出した意欲作。

1432

コーヒー・ハウス　18世紀ロンドン、都市の生活史
小林章夫著

珈琲の香りに包まれた近代英国の喧噪と活気。十七世紀半ばから一世紀余にわたりイギリスの政治や社会、文化に多大な影響を与えた情報基地。その歴史を通し、爛熟する都市・ロンドンの姿と市民生活を活写する。

1451